AF452459

NOTIONS PRATIQUES

sur

LES OPÉRATIONS DE TRACÉ

D'UN PROJET

DE CHEMIN DE FER

CONSIDÉRATIONS

sur

LES PIÈCES DU PROJET

PAR

Z. VALLÉE,

Conducteur des Ponts et Chaussées.

SAINT-LO

IMPRIMERIE, LITHOGRAPHIE DE LETREGUILLY

SAINT-LO, IMP. ET LITH. DE LETREGUILLY.

INTRODUCTION.

I. Chacune des branches distinctes de service, où la plupart d'entre nous passent plusieurs années, offre des difficultés spéciales qu'une pratique assidue rend familières.

Les ouvrages savants entrent rarement dans le détail des connaissances du métier; et cependant, nous avons tous ressenti à nos débuts, l'intérêt que présenteraient des publications essentiellement pratiques, sur les divers travaux où nous avons pu être appelés.

C'est surtout dans le but d'attirer l'attention sur cette idée, que nous ôsons essayer la publication de cet ouvrage, dans lequel nous n'avons fait que retracer les leçons que nous avons reçues, et présenter un ensemble d'opérations, conduisant toujours sur le terrain à un bon résultat.

Nos collègues qui ont déjà eu l'occasion de s'occuper d'études, n'y trouveront qu'un *memento* de ce que la pratique leur a enseigné. L'ouvrage sera particulièrement utile, à ceux que d'autres occupations ont éloignés jusqu'à ce jour de travaux de ce genre, en leur indiquant, avec l'ensemble des opérations, tous les petits détails d'exécution très-simples en eux-mêmes, mais dont la réunion est cependant indispensable pour arriver à une bonne solution.

Z. VALLÉE.

PREMIÈRE PARTIE.

———

OPÉRATIONS

SUR LE TERRAIN.

———

CHAPITRE I

CONSIDÉRATIONS GÉNÉRALES
SUR LE CHOIX D'UN TRACÉ.

Le rôle de l'opérateur se bornant presque toujours à suivre une direction générale adoptée à l'avance, l'on nous comprendra de ne pas développer longuement ce chapitre.

Cependant, raisonner l'ensemble d'un travail dont on est appelé à résoudre une partie, n'est jamais inutile, et c'est à ce point de vue que nous allons présenter les quelques remarques suivantes :

2. Commerce des localités à desservir. — La première considération qui appelle l'établissement d'une voie ferrée prend sa source dans le mouvement commercial des localités. Lorsque ce mouvement a pris une extension relativement importante, la gêne et les difficultés que présentent les transports ordinaires, occasionnent des plaintes et des demandes nombreuses. Les administrations, soit Etat, soit département, ont alors à étudier la question, au double point de vue de la valeur des intérêts en jeu et de la situation économique qui pourrait être faite à la voie demandée.

Il est bien rare, même pour une étude de longueur restreinte, qu'il ne se trouve pas dans un certain rayon autour de la ligne fictive joignant les points extrêmes à relier, des centres d'importance secondaire, désirant naturellement chacun, le passage sur leur territoire. Il résulte de là des inflexions diverses de la ligne de jonction, et il devient nécessaire de se rendre compte de la valeur de chacune des directions ainsi créées.

Avant toute étude sur le terrain, l'on doit avoir cherché des éléments d'appréciation suffisants, pour renfermer les travaux dans la limite du nécessaire et de l'utile. En un mot, on doit être fixé sur la direction générale du tracé.

La base qui servira d'élément de comparaison entre les divers centres, sera en première ligne, le trafic offert par chacun d'eux.

Pour assigner au transit à espérer, une valeur aussi près que possible de la réalité, le meilleur guide sera évidemment la circulation existant sur les routes affluentes des localités considérées.

Tous nos bureaux possèdent des relevés de cette circulation pour les routes nationales et départementales; l'on puisera donc là, le principal élément certain du problème à résoudre. Mais, quoique les stations d'observation de la circulation soient généralement disposées, à chaque comptage, de façon à pouvoir tenir compte du mouvement qui s'opère sur chaque partie de route, une portion du trafic à considérer, pourrait cependant échapper à l'appréciation ; aussi, devra-t-on compléter cette première recherche, par une étude sur les statistiques des marchés et foires, des droits de place, des exploitations d'usines ou carrières importantes, etc., enfin, de toutes les ressources commerciales que peut offrir chaque ville.

Ce premier travail permettra d'assigner aux diverses demandes une valeur économique au point de vue de la ligne à créer, et d'accorder déjà une première préférence à telle ou telle direction.

3. Frais d'établissement. — En regard du rendement que l'on vient d'étudier, se placent naturellement les frais d'établissement que pourra comporter chaque tracé.

L'élément d'appréciation est ici la dépense kilométrique.

Il est bien difficile de donner à première vue une appréciation près de la vérité, de la valeur de ce chiffre kilométrique; cependant, par l'étude de la topographie générale des diverses zônes à traverser, et par leur comparaison avec des tracés étudiés rentrant dans les mêmes conditions générales, l'on pourra fixer une moyenne de dépenses, suffisante pour arrêter l'esprit, avec les distances connues, sur le coût de l'une ou l'autre des directions à l'étude.

L'on possèdera ainsi pour chaque ligne le rapport du rendement à la dépense, et l'étude de ce rapport conduira au choix que commande une juste sollicitude pour les capitaux qui devront être engagés dans l'entreprise. Si l'écart des résultats est sensible et que la ligne de moindre trafic ne compense pas son infériorité par une réduction notable des dépenses, la direction à suivre ne fera aucun doute ; s'il n'en est pas ainsi, et que les valeurs des rapports dont nous venons de parler ne présentent entre elles que des différences peu considérables, ou encore, si pour des raisons diverses, l'on n'est pas bien fixé sur certains calculs du trafic ou des dépenses, l'on devra alors choisir pour tracé principal celui que les présomptions indiquent comme préférable, en lui rattachant les autres points par des variantes, susceptibles de devenir elles-mêmes *tracé définitif*, lorsque l'étude complète aura assigné aux divers éléments d'établissement de chaque ligne une valeur certaine.

4. Considérations en dehors des points précédents. — Nous venons d'envisager la ligne projetée au point de vue seul de la situation économique qui pourrait lui être faite.

Des considérations d'ordre plus général peuvent imposer une direction, même reconnue insuffisante en ce qui concerne le trafic.

Il peut arriver, par exemple, que le département ait en

vue de compléter un réseau; de se relier à d'autres lignes projetées ou exploitées. Dans ces divers cas, tout se réduira à une augmentation forcée des subventions à accorder aux concessionnaires.

Un autre point, qu'il ne faut pas perdre de vue dans l'étude que nous résumons, consiste dans l'appréciation du plus ou moins grand degré de prospérité de la zone que l'on se propose de desservir.

Au point de vue de l'intérêt général, et en tenant compte de la transformation rapide que font naître les voies ferrées, il pourrait être avantageux de s'arrêter en définitive sur le réseau que l'on considère comme le moins productif; cet état d'infériorité peut n'être que fictif, et provenir du manque des voies de communication, et par suite des difficultés dans les transports en matériaux de tout genre, indispensables au développement d'une agglomération et à l'amélioration du sol.

En tenant compte de la proportion supérieure d'accroissement, en production et commerce, que peut faire espérer le pays le moins productif, comparé aux régions voisines, rendues à leur apogée, ou à peu près, l'on pourra arriver à trouver dans l'avenir une large compensation aux sacrifices que l'on serait obligé de s'imposer dans le présent, en choisissant la dernière direction.

Les causes motivant le choix d'un tracé sont, comme on le voit nombreuses, et une étude sérieuse de chacune d'elles pourra seule conduire, avant toute opération sur le terrain, à un choix logique de la direction à donner aux études, et permettra en même temps d'éviter des mécomptes pendant le cours de ces dernières.

CHAPITRE II.

ÉTUDE DU TERRAIN
ENTRE LES POINTS DE PASSAGE
DE LA DIRECTION ADOPTÉE.

1° ÉTUDE SUR LA CARTE.
2° RECONNAISSANCE DU TERRAIN.

1° ÉTUDE SUR LA CARTE.

Nous supposons connue la direction générale du tracé ; l'opérateur sait quels sont les centres qu'il doit toucher ; il lui faut maintenant étudier les zones de terrain, qui, entre ces centres, peuvent offrir le passage le plus économique sous le rapport financier et technique.

5. Carte d'État-major. — L'auxiliaire indispensable de toute étude de ce genre, est la carte dressée pour toute la France, par les officiers de l'état-major, (carte du dépôt de la guerre).

Elle donne, en outre de tous les détails de voies de communication, cours d'eau, villes, villages, hameaux, maisons isolées, etc....., des courbes de niveau sur les reliefs du sol. Des cotes inscrites de place en place sur les points saillants du terrain, faciles à reconnaître, facilitent la recherche des altitudes des points secondaires.

Les nivellements qui ont servi de base à l'établissement de

la carte ont été faits trigonométriquement et les altitudes sont repérées au niveau de la mer.

Nous avons contrôlé les indications de la carte d'état-major sur un grand nombre de points dans les départements de la Manche et du Calvados et nous l'avons toujours trouvée suffisamment exacte pour que l'on puisse se livrer, avec son secours, sans crainte de mécomptes sérieux, à l'étude préliminaire du terrain.

Des erreurs de détails s'y rencontrent parfois dans les courbes de niveau, et (du moins dans les parties dont nous avons vu faire ensuite le nivellement exact) les cotes inscrites présentent généralement des écarts avec la vérité, variant entre 2 et 5 mètres. Ces différences peuvent il est vrai provenir, du moins pour une bonne part, de la difficulté de rencontrer exactement les points de comparaison des premiers opérateurs, ou encore d'erreurs de dessin dans la position des petits points noirs qui indiquent sur la carte l'emplacement des points nivelés.

Les courbes de niveau sont espacées de 5^m en 5^m (en hauteur) et leur intervalle est rempli par des hachures qui les rendent faciles à suivre.

Dans les terrains tourmentés, et lorsque l'on a la vue fatiguée, il est bon de se munir d'une loupe.

6. Programme imposé pour le Tracé. — La première lecture attentive de la carte, entre deux localités à desservir, fixe immédiatement l'attention sur les difficultés principales de terrain à vaincre ; elle donne la différence d'altitude des points obligés du tracé, et il est possible dès maintenant, connaissant les distances dont on peut disposer, de s'imposer une limite maximum de déclivités.

Pentes et rampes. — Cette limite est naturellement dépendante des conditions de dépenses dans lesquelles l'on doit se tenir pour le premier établissement, et, comme corollaire, dépend des hauteurs de remblai et de déblai que l'on tient à ne pas dépasser.

Les chemins de fer d'intérêt local, eu égard au moindre poids des trains et à leur plus petite vitesse, peuvent accepter des déclivités supérieures à celles adoptées sur les grandes lignes, sans grever la traction d'aucuns frais exceptionnels sérieux en matériel ou dépenses de combustible.

Les progrès de l'industrie et de la science, amèneront sans doute encore, l'élévation des pentes et rampes reçues aujourd'hui dans des conditions normales de terrain.

Dans les divers projets de ligne, ou lignes exploitées, d'intérêt local, la déclivité maximum que l'on ait employée (à moins de difficultés tout à fait spéciales de terrain) est de 0^m 020 par mètre; nous avons vu aller jusqu'à 0^m 025, mais sur de faibles longueurs seulement par rapport à l'ensemble du tracé, et l'on avait soin de faire ressortir l'augmentation de dépenses, résultant pour l'exploitation, de ce chiffre élevé. Il est vrai que sur des lignes construites en France et à l'étranger, l'on rencontre sur quelques points des déclivités bien supérieures à celles dont nous parlons; mais ces cas sont exceptionnels, de même que les moyens employés pour les vaincre, et l'on ne pourrait les prendre pour base d'appréciation.

Dans les projets que nous avons eu sous les yeux, la rampe de 0^m 020 n'est même employée que pour éviter de grands frais de terrassements et lorsque les différences d'altitudes des points obligés de passage forcent à s'en servir.

La pensée dominante du jour consistant cependant à réduire autant que possible les frais de premier établissement et par suite à restreindre le chiffre des terrassements dans sa plus juste limite, nous pensons que l'on arrivera à considérer la rampe de 0^m 020 comme courante.

Les pentes et rampes de 0^m 015 sont partout admises, même sur les grandes lignes; leur emploi est maintenant reconnu sans danger, il est donc tout naturel que les petits réseaux acceptent un chiffre plus élevé.

7. Rayon des courbes. — Les mêmes motifs qui ont conduit à élever le chiffre des déclivités ont fait réduire les rayons des courbes. L'on emploie couramment sur les chemins de fer départementaux des rayons de 300^m. Les rayons de 250^m et au-dessous ne doivent être prévus que comme pour les rampes de 0^m 025, dans des cas d'extrême nécessité.

Le danger des faibles rayons de courbe existe surtout pour des trains d'une longueur importante, marchant à de grandes vitesses. Ce cas se présente rarement pour les petites voies, et en ayant soin, de plus, d'éviter autant que possible la coïncidence des fortes déclivités et des petits rayons, l'on arrive à exclure toute chance d'accident. Les moyens puissants que l'on possède aujourd'hui pour ralentir la marche des trains sont encore une garantie de plus dans les fortes pentes. Dans les limites que nous venons de rappeler, une bonne conduite de la machine, assurera toujours une traction sûre.

8. Terrassements. — L'adoption des chiffres précédents nous conduit aux terrassements limites.

Pour rester dans des frais de premier établissement, variant suivant les terrains, toutes choses égales d'ailleurs, de 90 à 130 mille francs du kilomètre, l'on doit s'imposer une moyenne de environ 12 à 20 mètres cubes de terrassements par mètre courant ; ces cubes correspondent à des hauteurs moyennes de environ 3 et 4 mètres, pour les profils types de voie, dont nous donnons (pl. 4) les dimensions, et qui sont, à peu de modifications près, les profils des chemins de fer départementaux.

Les chiffres que nous venons de donner, ne supposent que des déblais à peu près pour les $\frac{2}{3}$ en terre franche ou forte, le reste en rocher.

Avec la connaissance que l'on a maintenant des altitudes approximatives des points principaux de passage, et avec la limite des déclivités que l'on a d'abord choisie, l'on se rendra facilement compte de l'importance des terrassements, et l'on pourra être conduit à élever les chiffres des pentes et rampes, si les hauteurs de tranchées ou remblais auxquels ils conduisent, font présumer des moyennes supérieures à celles données plus haut.

Pentes maximum, Rayons des Courbes, Terrassements moyens.

Telles sont donc les trois considérations principales, sur lesquelles on doit être fixé avant de se livrer à l'étude détaillée du terrain.

9. Étude sur la Carte. — Avant la visite du terrain, il est nécessaire de s'être fixé à l'avance sur les directions de détail à suivre. La carte d'état-major permet de se livrer à cette étude. Nous allons passer en revue les principales considérations auxquelles on devra s'attacher pour trouver *un passage* sur la carte.

Etant donné plusieurs centres à relier, la topographie d'ensemble des zônes à traverser peut se résumer dans les trois cas généraux suivants :

1° *Les localités se trouvent dans une même vallée :*

Le passage est ici tout tracé ; l'on n'a qu'à chercher, soit dans le thalweg même, soit sur les flancs, la ligne permettant de s'élever aux lieux considérés, dans les meilleures conditions pour ces points en particulier, et pour l'ensemble du tracé.

Les principales difficultés qui peuvent se présenter dans ce cas, et sur lesquelles les allures de la vallée fixeront l'attention, consistent dans l'escarpement, en certains endroits, de la rive que l'on suit et dans les coudes brusques de la vallée. Le premier obstacle peut obliger à changer de rive pour éviter une forte tranchée, le plus souvent en rocher, ou même un tunnel ; si les rayons minimum de courbe imposés par le programme, ne suffisent pas pour suivre le contournement de la vallée, l'on sera forcé, comme précédemment, de vaincre la difficulté par un ou plusieurs ponts à jeter sur le cours d'eau. Lorsque ces ouvrages sont reconnus nécessaires, il faut avoir soin de placer la ligne, aux abords, dans des conditions convenables pour leur assurer une hauteur suffisante ; cette hauteur peut être, du reste, commandée par les règlements, s'il s'agit d'un canal, ou d'une rivière navigable ; elle est habituellement fixée à 4^m au-dessus de l'étiage.

2° *Les centres à desservir présentent entre eux une même ligne de faîte :*

Le problème sera, comme dans le premier cas, très-simple à résoudre, et l'on n'aura qu'à s'attacher, dans l'étude de la carte, à suivre les ondulations mêmes du faîte, de façon à établir la ligne dans les conditions de terrassements les plus économiques.

3° L'on peut faire sur la troisième position des centres, deux hypothèses principales :

1° *Le point de départ se trouve dans une vallée, le point d'arrivée sur une hauteur ;*

2° *Les deux localités sont chacune dans une vallée, de bassins différents, et par suite séparées par une ligne de faîte.*

La meilleure solution de notre première hypothèse, consiste à suivre la vallée, du point de départ, jusqu'à l'affluent (que l'on ne peut manquer de rencontrer), se rapprochant le plus du lieu à atteindre, et à en profiter ensuite pour s'élever. Cette disposition permet d'abord de couper les affluents intermédiaires à de faibles hauteurs, de choisir sur la longueur A B (fig. 1) la rive la plus commode, enfin d'aborder B D dans telles conditions que l'on juge nécessaires pour gagner D. Ce mode d'opérer présente presque toujours des avantages marqués sur les autres tracés, tels que A D', par exemple, obtenus en s'élevant d'abord le plus tôt possible sur les hauteurs, et obligeant par suite à passer les thalweg rencontrés, avec de grands terrassements ou ouvrages d'art.

Si la pente de B en D est supérieure au chiffre que donne

la déclivité maximum imposée, multipliée par le développe·

ment que l'on peut
espérer sur l'un des
flancs de B D, l'on
n'aura du moins,
qu'un effort impor-
tant à faire en B,
en s'y élevant le plus
possible, et les éco-
nomies que l'on réa-
lise sur la partie AB,
permettront de ne
pas augmenter sen-

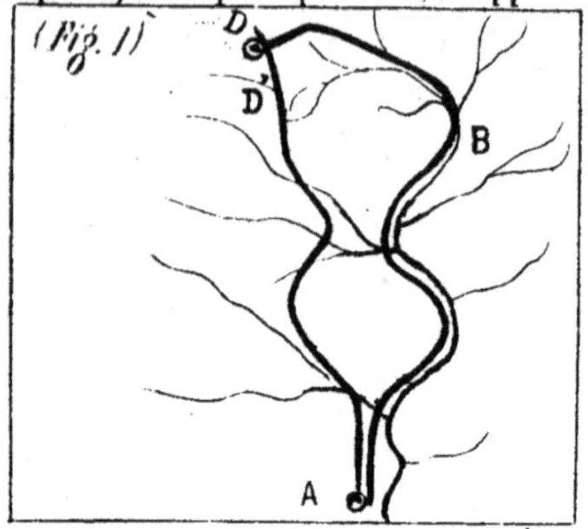

siblement la moyenne kilométrique, malgré la dépense importante, obligatoire au confluent.

2° Dans la seconde hypothèse, l'obstacle à vaincre est la ligne de
faîte séparant les
deux bassins (fig. 1 *b*.)
Suivons la même
marche que précé-
demment, et cher-
chons à atteindre
C H par un affluent
y prenant sa source,
présentant un déve-
loppement suffisant,

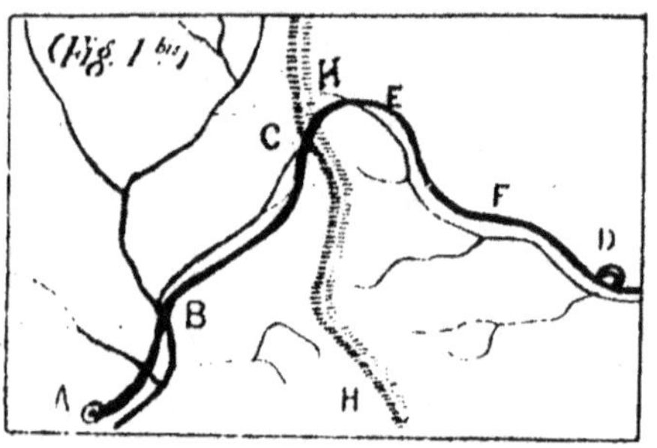

et se rapprochant en même temps le plus de la vallée E F, qui
s'offre comme la plus favorable pour descendre vers D.

Comme on le voit, la question est multiple, et nous ne
pouvons présenter chaque cas particulier. De ce que nous
venons de dire ressort cette règle à peu près générale : Pour
trouver un passage, étudier les vallées joignant ou approchant
les localités considérées.

Il ne faut pas négliger toutefois l'étude des lignes de faîte
qui dans certains cas, peuvent offrir le seul tracé possible.

Quoi qu'il en soit, lorsque l'on a saisi sur la carte la zone qui doit renfermer la ligne, il importe de se livrer alors à l'étude des altitudes des points difficiles du tracé.

Les cotes inscrites sur la carte étant repérées au niveau de la mer, il est bon dans tous ces raisonnements de suivre le même principe, et de comparer entre eux les points dont on a à s'occuper, par leur altitude au-dessus du même niveau ; de cette façon, les idées s'enchaînent mieux et la topographie de la zone à étudier se grave plus facilement dans l'esprit.

A chaque passage difficile qui arrête l'attention, le premier calcul à faire consiste évidemment à trouver la hauteur à laquelle la ligne pourrait se trouver à ce point; cette hauteur ou altitude, peut être commandée par l'obligation d'atteindre, par une pente ou rampe continue, un point difficile ; (C, par exemple, fig. 1 *bis*), c'est-à-dire que la distance entre deux points obligés, dans l'intervalle desquels se trouve *l'obstacle*, multipliée par la pente ou rampe-limite, ne donne que le nécessaire d'abaissement ou d'élévation.

Nous supposerons donc que l'on ne puisse ni s'abaisser ni s'élever (suivant qu'il s'agit d'un ravin ou d'un contrefort), pour diminuer les terrassements. Le calcul précédent fait, il reste à juger l'importance du travail que nécessitera l'obstacle. Les altitudes comparées, du point de hauteur forcé de la ligne et du sommet ou du fond du contrefort ou ravin fixeront l'esprit à cet égard.

Les altitudes de ces derniers points s'obtiendront en comptant les courbes de niveau (lignes successives de hachures) qui les séparent d'une cote inscrite sur la carte, ou bien d'un point voisin plus rapproché de cette cote et, par suite, plus facile à obtenir. Les chiffres trouvés par ce calcul donneront immédiatement la hauteur des terrassements à effectuer, et, suivant leur importance, montreront la nécessité de contourner l'obstacle.

La question des rayons prend ici sa place; on comprend

aisément que des rayons de 250 et 30 0^m permettront de mieux épouser le terrain que des rayons supérieurs ; souvent même ces derniers seraient inapplicables.

En continuant de proche en proche, l'on se rendra compte des principales difficultés du tracé, qui se trouve ainsi renfermé dans une nouvelle zone, dont il reste à vérifier l'exactitude sur les lieux. Le champ des recherches est alors considérablement diminué, et l'on peut passer maintenant à une opération plus importante encore : *la visite du terrain*.

10. Remarque. — Une étude minutieuse de la carte, faite comme nous venons de l'indiquer, pour l'ensemble du projet, peut faire naître cette pensée : Ne serait-il pas possible de dresser, avec son seul secours, un bon avant-projet.

Nous ne craignons pas de répondre : Non !

Un avant-projet, tout en ne s'attachant pas à toutes les questions de détail dont doit s'occuper le projet d'exécution, doit cependant donner une approximation des dépenses dont la différence avec celles d'exécution ne présente pas un écart notable. De plus, il arrive souvent que pour les chemins de fer d'intérêt local, l'étude de l'avant-projet sert de base à l'adjudication, elle doit donc être scrupuleuse ; et tout en conservant à la carte son exactitude générale, les erreurs qu'elle peut contenir ou que l'on pourrait soi-même commettre dans sa lecture, conduiraient sans aucun doute à une solution bien loin de la vérité.

2° RECONNAISSANCE DU TERRAIN.

11. — L'étude à laquelle on vient de se livrer a déjà localisé les points où l'attention doit principalement se porter sur le terrain.

Il est cependant nécessaire de le parcourir dans l'ensemble du projet ; la vue des lieux peut inspirer des combinaisons auxquelles on n'avait pas d'abord songé ; lors même que la zone limite choisie ne serait pas modifiable, nous entendons dans son ensemble, l'opérateur, en la parcourant, peut déjà arrêter sa pensée sur la direction des alignements qu'il pourra jeter. Cette reconnaissance du terrain doit naturellement se faire la carte à la main, puisqu'il s'agit d'en contrôler *de visu* les indications. Ici nous ne saurions trop insister sur les deux recommandations suivantes, nécessaires pour arriver à lire couramment une carte ; elles paraîtront peut-être superflues, mais nous nous en sommes si bien trouvé, que nous ne pouvons nous empêcher de les mentionner :

12.— 1° Se bien pénétrer de l'échelle $\frac{1}{80,000}$ ou 0,001 pour 80 mètres ; pour cela, s'appliquer souvent à se donner à l'avance, en la prenant sur la carte, une distance entre deux points, et vérifier ensuite son calcul par le terrain ;

2° Suivre constamment les ondulations du sol sur la carte, s'arrêter lorsqu'un point saillant frappe la vue, rechercher ce point sur la carte, en calculer la hauteur à l'aide de celle-ci, par rapport au point où l'on se trouve, ou de tout autre facilement comparable, et contrôler la lecture soit avec son appréciation personnelle, si l'on a une certaine habitude, soit par la mesure directe sur le terrain.

13. Revenons maintenant au tracé : Après être passé rapidement sur les parties du terrain qui ne présentent pas de difficultés sérieuses, on arrive aux points principaux.

Ici, l'étude doit être approfondie, car de la solution adoptée peut dépendre la beauté et la bonté du projet. S'agit-il d'un *col* à franchir : le parcourir dans tous les sens et ne pas s'arrêter à un passage qui semble bon, à quelques cents mètres plus loin, il peut s'en trouver un meilleur ;

S'agit-il d'un ravin : le remonter ou le descendre, suivant les besoins du tracé ; bien en étudier les abords et se livrer avec la carte et son appréciation personnelle au calcul des altitudes des principaux points du parcours ;

Avoir soin d'examiner la direction que peuvent prendre les alignements à jeter sur ces points difficiles, et s'ils seront susceptibles de recevoir les courbes que l'on s'était proposées dans l'étude du cabinet.

En un mot, il faut refaire, avec le contrôle du terrain, l'étude à laquelle on s'était livré sur la carte.

14. Emplacement des stations ou haltes. — Il ne faut pas oublier non plus de chercher et choisir un emplacement pour les stations ou haltes que l'on aura à projeter; la direction des alignements adjacents est dépendante de ce choix, point des plus importants, dans l'ensemble du projet.

Les principales considérations qui devront guider dans cette nouvelle étude seront d'abord : de s'efforcer d'approcher le plus près possible des localités à desservir, en étudiant l'emplacement à adopter, de façon à pouvoir utiliser pour le service de la station, les voies de communication existantes, sans qu'il soit besoin d'en créer de spéciales, circonstance toujours fort onéreuse ; bien entendu qu'il ne faut pas sacrifier à ce point une position plus avantageuse pour le premier établissement et l'exploitation intérieure de la station. Il y a là une question de comparaison que l'on devra peser.

L'emplacement de la station indiquée au profil en long (pl. 2) présente un exemple de ce que nous venons de dire ; Etablie près la route n° 175, on voit immédiatement qu'elle eût conduit à de grands mouvements de terre dans le ravin suivant ; telle qu'elle est, on peut la desservir par un chemin vicinal, et les terrassements y sont peu considérales. Il est juste d'ajouter que l'on a sacrifié à la question primordiale d'économie, une petite difficulté dans l'exploitation : nous voulons parler de la rampe assez forte qui joint cette station.

Pour une station ordinaire de chemin d'intérêt local, un espace en palier de environ 500 mètres de longueur sur 50 de largeur, est nécessaire à l'ensemble des ouvrages composant la *gare* (ce chiffre comprend la distance entre les deux aiguilles extrêmes); pour une simple halte, un espace de 2 à 300 mètres, en palier, suffit, la largeur n'excédant que de quelques mètres (pose d'une voie en plus) celle de la ligne dans son ensemble. La recherche se résume donc à choisir le plus près possible de la localité et des voies de communication qui y existent, un terrain susceptible de recevoir les *paliers* dont nous venons de parler, avec le moins de terrassement possible.

15. Remarque générale. — Pendant tout le temps de la reconnaissance, il est bon de suivre mentalement le profil de la ligne, en s'arrêtant quelques instants, aux points d'importance même secondaire, et en voyant, par la distance à une partie déjà visitée et la pente ou rampe que peut recevoir le terrain, la quantité dont il sera possible de s'élever ou de s'abaisser depuis le dernier point.

Cette manière d'opérer offre de grands avantages : elle force à ne pas perdre de vue le passage difficile que l'on veut atteindre et fait éviter de se laisser entraîner par un terrain, souvent tentant, mais non susceptible d'appuyer la déclivité dont on peut avoir besoin pour franchir un obstacle ; elle localise les erreurs d'appréciation que l'on aurait pu commettre et les diminue par suite de leur division même.

De ce qui précède, on pourrait supposer que la *reconnaissance du terrain* demande un temps assez long.

Disons d'abord que le temps qu'on y passe n'est jamais perdu, et qu'il se rattrape, et au delà dans le tracé proprement dit. Ce travail se fait cependant encore assez rapidement, et même dans les terrains difficiles, on peut aisément reconnaître 10 à 12 kilomètres par jour.

Notons encore une précaution bonne à prendre : elle consiste à revoir le tracé dans le sens opposé où on l'a étudié la première fois, c'est-à-dire à revenir, par les mêmes passages, du point d'arrivée au point de départ. On est souvent étonné des changements utiles que ce nouvel examen apporte à la première appréciation.

CHAPITRE III

DES PLANS.

Les plans des lieux, pièces indispensables à la rapidité et à l'exactitude du travail de l'opérateur chargé du tracé, sont en outre nécessaires dans l'ensemble des travaux auxquels doit donner lieu la rédaction du projet.

On nous pardonnera ce chapitre, ne contenant que des détails connus de tous, mais cependant bons à noter.

16. Choix du papier. — Pour nous, le papier toile, très-fort, fabrique Husson, est de beaucoup le préférable ; son opacité présente bien quelques inconvénients pour la copie, mais ils sont largement compensés par sa durée. Le plan est destiné à subir de rudes atteintes sur le terrain, et l'on se trouve toujours bien d'un papier résistant. Le papier calque végétal, collé sur un autre plus fort, se morcelle promptement, son soutien se brise dans les plis et on est à peu près certain, en employant ce dernier mode, d'arriver à la fin des études avec des lambeaux de plans.

17. Choix de l'échelle. — Nous avons en France à notre disposition l'œuvre admirable des plans cadastraux, qui rendent tous les jours de si utiles services. Ces plans sont faits à deux échelles différentes : l'une pour les plans de détails ou parcellaires à $\frac{1}{2500}$ ou 0,001 pour 2^m 50 ; l'autre pour les plans d'ensemble, ou tableaux d'assemblages des sections, à

$\frac{1}{10000}$ ou 0,001 pour 10 mètres. (Cette dernière échelle varie quelquefois ; pour les très-grandes communes elle est de $\frac{1}{20000}$ et pour les petites, au contraire, de $\frac{1}{5000}$; on est alors obligé à quelques réductions ou amplifications pour avoir l'ensemble au $\frac{1}{10000}$, qui est de beaucoup la plus commode de ces trois dernières échelles.)

L'échelle de $\frac{1}{2500}$ présente pour le tracé des avantages nombreux qui, du reste se trouveront détaillés dans les parties que nous allons examiner plus loin ; il est vrai que la copie du $\frac{1}{10000}$ est presque toujours demandée pour joindre au dossier ; mais la perte de temps faite en prenant les deux copies (si l'on a besoin du $\frac{1}{10000}$) se trouve bien des fois compensée par les avantages que l'on retire plus tard du $\frac{1}{2500}$. Si surtout le tracé projeté traverse un terrain tourmenté devant donner lieu à de nombreux changements de direction, si le pays n'est pas coupé de nombreux chemins pouvant faciliter le repère des alignements, l'on doit, à moins de s'exposer à des mécomptes, proscrire absolument le $\frac{1}{10000}$.

18. Précautions à prendre dans la copie. — Quelle que soit l'échelle que l'on adopte, on ne saurait apporter trop d'attention à l'exactitude de la copie des plans. Les lignes de chemins, de parcelles, de constructions, doivent être strictement suivies.

Il est rare que les limites de raccordement de communes cadrent exactement sur deux feuilles séparées des plans ; il y a presque toujours là quelques imperfections, provenant sans doute de la moindre importance attribuée par les géomètres, dans leurs dessins, à des lignes souvent fictives de séparation.

Dans ce cas, il est bon de chercher à se raccorder surtout avec les amorces de chemins ou de cours d'eau et l'on ne doit pas hésiter à sacrifier une différence dans les lignes de communes, à une coïncidence exacte avec les points que nous venons d'indiquer.

Les écarts dont nous venons de parler sont surtout nombreux dans les plans d'assemblages.

L'on doit aussi bien veiller à éviter, pendant la copie, des changements dans la direction générale du plan ; la triangulation se trouverait ainsi altérée, et l'on serait induit en erreur en rapportant plus tard les angles pris sur le terrain.

Il ne faut jamais craindre d'étendre la zone dont on croit avoir besoin ; il peut arriver, en effet, qu'au cours des opérations, le besoin d'études de variantes ou de changements importants de direction se fasse sentir ; le mince surcroît de travail que l'on se serait imposé la première fois se trouverait bien augmenté s'il fallait faire de nouvelles copies, de plus l'exactitude générale du plan s'en ressentirait.

19. Source où il convient de copier les plans.— Les mairies et les directions de contributions directes possèdent les plans cadastraux ; on peut les copier à l'une ou l'autre de ces places.

Nous avons employé les deux systèmes : copie dans les diverses communes à traverser, copie à la Direction. A notre avis, on doit préférer la Direction. On peut là établir la zone à prendre dans son ensemble (point important), et en second lieu, l'on peut y avoir tout ce qu'il faut pour la bonne exécution d'un calque, ce qui manque presque toujours dans les mairies. En admettant même que le tracé projeté se prolonge, pour une certaine étendue évidemment, sur un département voisin, nous n'hésiterions pas à proposer un voyage au chef-lieu, pour copier les plans à la Direction. Le système de copie des plans sur place présente toujours économie de temps et d'argent.

CHAPITRE IV.

NIVELLEMENTS DE RECONNAISSANCE.

20. Observation générale. — La reconnaissance du terrain, que nous avons traitée dans le chapitre II, § 7, n'a eu pour résultat, en dehors de la connaissance indispensable de la géographie des lieux, qu'elle a fait acquérir, que de contrôler et rectifier approximativement l'étude faite sur la carte, par les appréciations personnelles de l'opérateur. Le tout présente certainement des inexactitudes ; on s'est borné du reste, dans ce travail, à déterminer largement la position de la ligne.

Nous sommes maintenant arrivés à l'opération précédant le tracé des alignements sur le terrain, et la nécessité de renfermer les terrassements auxquels ils conduiront, dans la limite que l'on s'est imposée, force à connaître leur altitude pour ainsi dire à chaque pas.

L'habitude de l'opérateur peut certainement circonscrire beaucoup le travail que nous allons indiquer ; mais cependant, à moins que le terrain ne présente des pentes uniformes, facilement appréciables, par le cours d'une rivière, le cheminement sur une ligne de faîte, etc..., nous pensons qu'il y aura souvent économie de temps et toujours amélioration du tracé en faisant ce que nous appelons des *nivellements de reconnaissance.*

21. Nivellements de reconnaissance. — Les nivellements de reconnaissance ont deux buts principaux :

1° Faire reconnaître d'une manière certaine la possibilité
d'un passage, ou les sacrifices qu'il demanderait ;

2° Fixer, lors même que le terrain n'offre pas de difficultés
sérieuses, la meilleure position à donner à la ligne, dans le
milieu où les études précédentes ont circonscrit le tracé.

De ces deux principales opérations, la première est évidemment des plus importantes.

L'on comprend en effet, que quelques soins que l'on ait
apportés à l'étude de la carte et du terrain, les erreurs que
nous avons signalées dans celle-là, et celles que l'appréciation
personnelle a pu faire commettre sur les lieux, laisseront
toujours un certain doute sur les conditions du passage des
points difficiles du tracé. S'il s'agit, par exemple, de gagner
un faîte, comme dans la figure 1 *bis*, le tracé arrivant sans
difficulté jusqu'en B, il est indispensable d'être fixé sur la
cote maximum du col à franchir, pour connaître dans quelles
conditions on doit l'aborder ; il pourrait se faire que l'on soit
obligé de se mettre en rampe constante dès B, si la rampe
maximum imposée par le programme ne donne que le nécessaire d'élévation avec la distance B C, pour traverser le col
en tranchée ordinaire. Sur tout le parcours B C, il y a donc
obligation de ne rien perdre en altitude et d'appuyer constamment la ligne sur un terrain montant avec elle suivant la
rampe choisie.

Ce qu'il faut donc ici, c'est un nivellement continu de B
vers C, dans la région prévue pour le passage. Ce travail peut
se faire rapidement, car une exactitude rigoureuse, aux centimètres près, n'est pas nécessaire ; l'erreur commise, en
admettant qu'elle atteigne 40 à 50 centimètres, n'aura d'autres
inconvénients que d'augmenter ou diminuer légèrement les
terrassements prévus.

L'on peut donc se contenter de donner un seul coup de

niveau, en ayant soin de vérifier l'instrument de temps en temps; il est inutile également d'apporter autant de soin, dans la position de la bulle entre ses repères, que pour un nivellement de précision (une erreur d'une demi-division, par exemple, ne donnant sur la mire qu'une différence de quelques millimètres aux distances ordinaires du coup de niveau); en tenant compte des compensations, c'est-à-dire des erreurs en $+$ et des erreurs en $-$, l'on arrivera certainement, tout en marchant promptement, à une différence inférieure aux chiffres que nous avons indiqués.

Lorsque, comme dans le cas qui nous occupe, le nivellement de reconnaissance a un but bien déterminé : celui d'assurer le passage dans des conditions connues, l'opération se simplifie, et il est inutile de placer un grand nombre de cotes dans les parcelles.

La topographie du terrain sera en effet, ici, presque toujours facile à suivre; et, quand l'opérateur possèdera sur le plan, de distance en distance, un certain nombre de points de repères certains, le tracé des alignements n'offrira que peu de difficultés.

Pour obtenir ces cotes élémentaires, le procédé le plus expéditif consiste à suivre les lignes de chemins avoisinant et coupant perpendiculairement et obliquement la zone à étudier, puis à niveler sur chacun d'eux un nombre de points suffisants pour donner les pentes générales du terrain (il est bon d'indiquer sur le carnet, en face chaque cote, la hauteur du sol naturel par rapport au chemin nivelé).

Ces points une fois repérés sur le plan, l'on verra aisément, par un travail de quelques instants, dans quelle position ils se trouvent vis-à-vis de l'ensemble du tracé, et si la ligne doit s'en écarter soit à droite soit à gauche; de plus, les déclivités du terrain maintenant connues feront connaître la quantité dont, en plan, l'on doit relever ou abaisser la ligne.

Cette façon d'opérer, qui sera presque toujours suffisante,

ne nous donne aucun élément d'appréciation entre deux chemins consécutifs, et il peut arriver que cet intervalle soit assez considérable. Si ce cas se présente, et que le terrain laisse dans cette zone quelque indécision, l'on prendra alors dans les parcelles un nombre de cotes suffisant pour fixer l'esprit.

Examinons maintenant la seconde hypothèse :

Nous supposons que le terrain n'offre pas de difficultés sérieuses, et que l'on soit certain d'y pouvoir asseoir la ligne dans des conditions ordinaires ; il s'agit de rechercher les meilleures dispositions de tracé en plan et en profil.

Supposons, par exemple, que l'opérateur soit indécis sur la direction à choisir dans le périmètre A B C D H L (planche 1).

La zone à étudier est coupée par un ravin dont le thalweg suit B D ; il existe vers F des accidents importants de terrain, de plus, la suite du tracé demande une rampe constante de H vers K.

Nous allons coter la partie de plan A B C... L. Les cotes à obtenir n'étant destinées qu'à servir de renseignements, il n'est pas besoin d'en prendre un aussi grand nombre que s'il s'agissait d'un plan coté ; il suffit de choisir l'emplacement des points à niveler de façon à permettre d'apprécier les différents changements de pente importants. Deux ou trois cotes dans chaque parcelle suffisent dans presque tous les cas.

La planche 1, telle qu'elle est cotée, montre par une étude facile que le tracé adopté est le préférable dans les conditions où nous nous sommes placé.

22. Avantages du plan à $\frac{1}{2500}$ sur le plan à $\frac{1}{10000}$. — Le nivellement de reconnaissance consiste donc à déterminer, de proche en proche, ou à des intervalles plus ou moins éloignés, selon les terrains, des points de repère devant servir à l'opérateur pour fixer la direction générale de chaque alignement, sans s'exposer à placer ceux-ci, soit trop haut, soit trop bas, pour l'ensemble du tracé.

Il est bien rare que, sur tout le parcours d'une étude, l'on puisse toujours se contenter des cotes sur les chemins ; souvent l'on aura besoin des altitudes de points intermédiaires ; comment repérer ceux-ci rapidement, si l'on n'a pas le plan au $\frac{1}{2500}$? l'on serait alors obligé de faire en même temps le tracé de l'alignement et le nivellement, mode d'opérer souvent impossible selon la marche adoptée pour les études.

Avec le plan au $\frac{1}{2500}$, toutes les difficultés disparaissent ; il est inutile de faire aucun chaînage ; l'on dresse dès les premiers jours les porte-mires à *marcher le mètre*, et en comptant alors le nombre de pas, du point que l'on nivelle à tel ou tel angle de parcelle, pignon d'habitation ou tout autre repère, l'on place très-aisément ce point sur le plan avec le double-décimètre.

Le plan à l'échelle de $\frac{1}{10000}$ permet cependant de repérer les cotes de chemins ; mais, en outre de l'approximation très-vague que l'on a sur la position exacte des points nivelés (par suite de la petitesse de l'échelle), il est encore d'autres inconvénients graves que présentent ces plans. Le plus souvent ils sont très-incomplets ; leur but n'étant que de donner un ensemble des sections de chaque commune, l'on y a, dans certains départements, négligé une foule de détails ; ils présentent souvent des lacunes considérables entre les chemins principaux qui y sont seuls dessinés ; leur possession est alors inutile, et l'on se voit forcé de recourir au plan parcellaire dès que l'on rencontre des obstacles sérieux.

23. Différence entre un plan coté et un plan avec cotes de reconnaissances. — Le travail que nous venons d'indiquer pour la zone A B... L n'est jamais nécessaire sur l'ensemble de la ligne ; dans certaines parties, le terrain sera suffisamment facile pour enlever toute indécision ; dans d'autres, l'on n'aura besoin que de nivellements sur les chemins.

Lors même qu'il n'en serait pas ainsi et que l'on serait obligé de coter une certaine zone sur la presque totalité du projet, nous tenons à faire ressortir la différence entre ce mode d'opérer et celui qui consiste à faire un vaste plan coté de tout le terrain jugé, souvent très-approximativement, susceptible de servir de passage.

Le système que nous venons d'indiquer renferme les opérations de nivellement, sous les yeux ou même par les soins de l'opérateur chargé des alignements, dans la limite de l'utile et de l'indispensable ; tandis qu'un plan coté général, embrassant souvent deux et même trois kilomètres de large, présente toujours des zones complétement inutiles.

D'un autre côté, il faut tenir compte du travail machinal que le second procédé impose à l'opérateur, obligé de mettre des cotes quand même là où, pour lui qui voit les lieux, le tracé est parfaitement impossible.

Un inconvénient que nous reprocherons encore au plan coté, c'est d'exiger une exactitude rigoureuse dans le nivellement de chaque point et dans le repère sur le plan (chaque cote peut en effet devenir point de profil en long); nous pensons qu'il est bien difficile, vu la multiplicité des cotes, de satisfaire à cette double condition. Nous savons que l'on commence par niveler une ligne de repère qui localise les erreurs et les empêche de s'accumuler ; mais, malgré cette précaution, nous croyons qu'un plan coté doit renfermer un grand nombre d'erreurs de détail.

Dans les nivellements de reconnaissance, au contraire, les écarts sont presque sans influence, le nivellement du profil en long, exécuté comme nous le dirons plus loin, venant corriger toutes les erreurs que l'on pourrait avoir commises.

CHAPITRE V

TRACÉ DES ALIGNEMENTS SUR LE TERRAIN.

1° FIXATION DES POINTS DE DÉPART ET D'ARRIVÉE DE L'ALIGNEMENT.

34. — Lorsque l'on a tracé sur le plan, à l'aide du nivellement rapide que nous venons de détailler, l'alignement que l'on doit jeter entre deux points, il reste à trouver sur le terrain les points principaux de passage de cet alignement, pour pouvoir donner au jalonneur la direction à suivre ; cette opération se fait en chaînant sur les limites séparatives des parcelles traversées, la distance de la ligne tracée sur le plan, à des points bien déterminés, en général aux angles des limites ; il est rare que l'alignement considéré ne coupe pas un ou plusieurs chemins, on chaînera encore sa distance aux points saillants de ces derniers.

Il ne faut jamais se contenter du chaînage de deux ou trois points rapprochés sur l'alignement, il pourrait se trouver là, des erreurs de détails qui feraient dévier considérablement la ligne de la direction désirée, et obligeraient à des courbes inutiles.

Le meilleur procédé consiste à placer le plus loin possible du point de départ de l'alignement, sur l'arbre le plus voisin de sa direction, un petit drapeau blanc et rouge, de 0^m50 et 0^m25 environ de côté ; le jalonneur a constamment ce guide devant lui, et l'on évite ainsi toute erreur à l'arrivée:

Si dans l'intervalle, l'on rencontrait en jalonnant quelques divergences entre le plan et le terrain aux points de passage de la ligne sur les séparations de parcelles, tout en les notant, il ne faudrait en tenir compte que dans une certaine mesure ; outre les erreurs possibles du plan, le jalonneur a bien pu lui-même infléchir sa ligne, momentanément, à droite ou à gauche ; plus loin, grâce au drapeau, il se redressera. Le point d'arrivée de l'alignement est du reste la question capitale, et les inflexions, très-petites probablement, qui auront pu se produire en route, seront sans influence sur les résultats du profil.

Nous insistons sur la nécessité de chaîner de préférence les points de repère, sur les chemins plutôt que sur les divisions de parcelles : les premiers sont généralement, sur le plan, plus conformes au terrain que les seconds, et l'on a par suite plus de chances d'obtenir une coïncidence exacte entre le plan et le terrain.

25. Dans ce qui précède, nous avons supposé que l'on possédait le plan au $\frac{1}{2500}$; si l'on n'avait que le $\frac{1}{10000}$, l'emploi de signaux ou de points de repères éloignés devient alors indispensable. Les chaînages que l'on pourrait faire sur les chemins coupés, en admettant qu'il s'en trouve (le cas contraire se présente souvent sur certaines longueurs), laisseront à craindre une erreur, qui peut être considérable, eu égard à l'échelle d'abord, et ensuite aux imperfections de la confection de ces plans, qui ne sont créés, comme nous l'avons déjà dit, que pour l'intelligence des plans parcellaires et dont l'exactitude laisse toujours à désirer.

Ainsi, pour jeter l'alignement A B C (avec le $\frac{1}{10000}$), tout en contrôlant le plan, pour pouvoir y tracer ensuite la ligne du projet, nous établirons d'abord un point B, reconnu bon pour les nivellements, et suffisamment éloigné pour que toute chance d'erreur se trouve écartée. La précision de l'alignement ne dépendra plus alors que de l'habileté du jalonneur.

L'on voit par la figure 2, que si l'on s'était contenté de chaîner le point de passage de D en F, ou de F en E, et qu'une erreur existât sur ce point, l'on se trouvait exposé à frapper dans le village, que l'on évite, et par suite à recommencer l'alignement, ou à faire une courbe inutile au point de vue des terrassements.

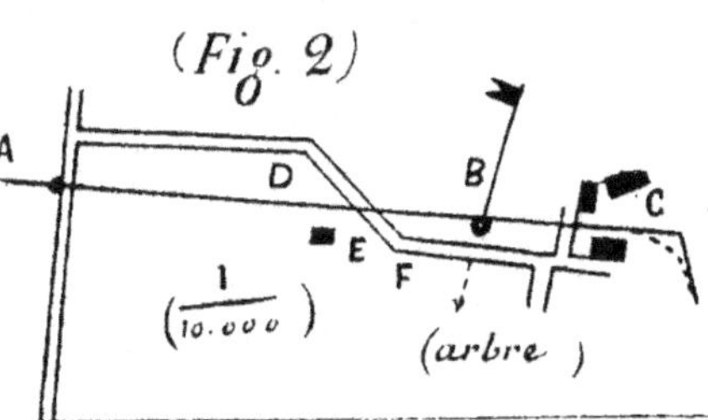

26. Supposons que, dans une série d'alignements A C, C D, D E (fig. 3), il s'en trouve un, C D, dont il soit difficile de repérer le passage; ou bien encore que la position des deux alignements A C, E D, soit plus impérieusement commandée, par les difficultés du sol ou du passage dans des lieux couverts de nombreuses habitations. Il convient, dans ce cas de tracer d'abord les deux alignements

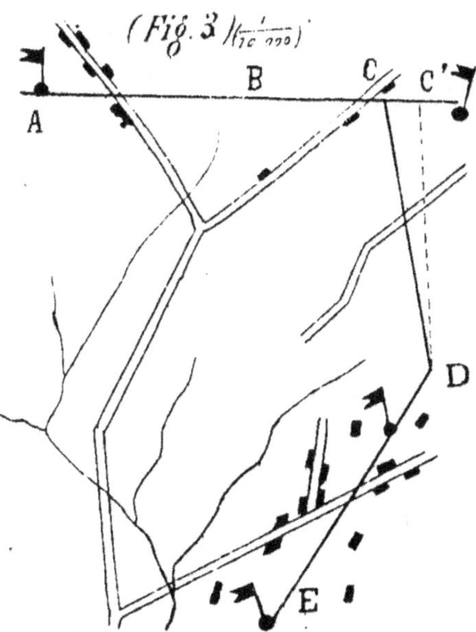

difficiles ; puis, de l'extrémité de l'un d'eux (D, si l'on veut), c'est-à-dire du point de l'un ou de l'autre, où l'on reconnaît indispensable un changement de direction, on lance le troisième CD, en s'orientant du mieux que l'on peut, pour opérer la jonction dans la partie 'jugée la meilleure. L'écart qui se produira entre la direction CD, que commanderait rigoureusement le terrain, et celle que l'on tracera C' D,

n'entachera du moins le résultat que dans la partie où l'on a reconnu le profil moins exigeant et où, par suite, une variation de la ligne n'entraînera que des changements sans importance dans les nivellements.

27. Changements de direction. — A chaque changement de direction des alignements, il ne faut pas oublier de se préoccuper des longueurs entre les sommets d'angle, et de vérifier si elles sont suffisantes, dans le cas où les alignements devraient recevoir des courbes de sens contraires, pour la longueur des tangentes et pour la distance d'alignement droit indispensable entre deux arcs successifs de sens inverse.

Au point C, par exemple (fig. 4) l'on reconnaî-

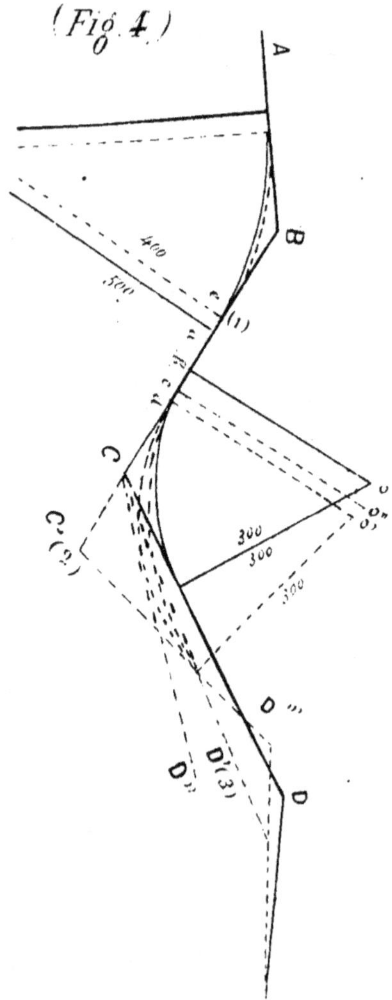

trait utile un changement de direction vers D ; la courbe tracée précédemment en B vient jusqu'en a, le rayon minimum du programme (300^m par exemple), donnerait avec l'angle en C des deux alignements, en supposant CB obligatoire comme direction (cela arrive fréquemment), une tangente Cb, qui ne laisserait entre a et b qu'une longueur insuffisante (1). Il y aurait donc obligation ici, ou de réduire, s'il était possible, le rayon de la courbe en B (1), ou de prolonger, même au détriment des terrassements, l'alignement CB (2), ou enfin de chercher si, dans les directions (3) CD',CD'', qui ouvrent l'angle des alignements, et réduisent par suite la longueur de la courbe, pour un même rayon, il ne s'en trouverait pas une convenable pour la suite du tracé et n'augmentant que légèrement les terrassements. Le cas que nous venons de traiter ne se présente du reste que dans les terrains très-tourmentés.

La fig. 4 montre les trois solutions que nous venons d'indiquer. Dans la première, on reporte la distance insuffisante ab, de b en c ; dans le second cas, on obtient une longueur ad convenable ; enfin, dans la troisième manière d'opérer, nous obtenons ac pour distance entre les deux courbes. Les deux derniers cas supposent que l'on ne puisse changer le rayon en B.

28. — Nous ferons encore ressortir ici l'avantage du plan au $\frac{1}{2500}$; il arrive très souvent avec le $\frac{1}{10000}$, que plusieurs alignements successifs sont impossibles à repérer promptement ; l'opérateur ne peut alors juger que par approximation la distance qui le sépare du sommet voisin, et l'on s'expose à bien des mécomptes, surtout dans les terrains accidentés et couverts. Nous ne parlons pas des chaînages, opération qui

---

(1) Dans des cas d'extrême nécessité, on peut descendre jusqu'à une valeur de a b = 50^m ; mais il conviendra, chaque fois qu'on le pourra, de prendre au moins une centaine de mètres, chiffre presque toujours suffisant pour le redressement des trains.

entraînerait une trop grande perte de temps, pour un obstacle relativement facile à vaincre.

29. Obstacles rencontrés sur les alignements. — Nous ne dirons que peu de chose sur les parallèles ou autres moyens géométriques ou trigonométriques, connus du lecteur, pour franchir un obstacle à la vue, placé sur la ligne du jalonnement. Les procédés sont multiples, comme les cas qui peuvent se présenter, et toujours faciles à résoudre.

Nous appellerons cependant l'attention sur les soins que l'on doit y apporter ; il y a là une source d'erreurs fréquentes et il ne faut jamais négliger de repérer à nouveau l'alignement à la sortie de l'obstacle, ou de contrôler sa première opération par une seconde. S'il s'agit d'un obstacle peu important, un arbre par exemple, la chaîne d'arpenteur, dont doit toujours être munie la brigade du jalonnement, suffit parfaitement, sans qu'il soit besoin de se charger d'équerre ou de graphomètre.

Citons entre autres un procédé très-simple pour tracer une parallèle. L'on veut franchir le point O : prenons de chaque côté de deux points quelconques a et b de la direction tracée, les longueurs égales $ai = ah$, $Bm = Bn = ah$; plaçons les deux extrémités de la chaîne à chacun des points i, h, m, n, successivement, et plantons un jalon aux points b', a', que l'on obtiendra en prenant sur la chaîne, tendue en triangle, comme le montre la figure, le milieu même de sa longueur. Nous avons ainsi une nouvelle direction, $a'\,b'$, parallèle à $a\,B$; opérons de la même manière, en sens inverse, après le passage de l'obstacle O, nous retrouverons la direction première, en ayant évidemment soin de prendre de chaque côté

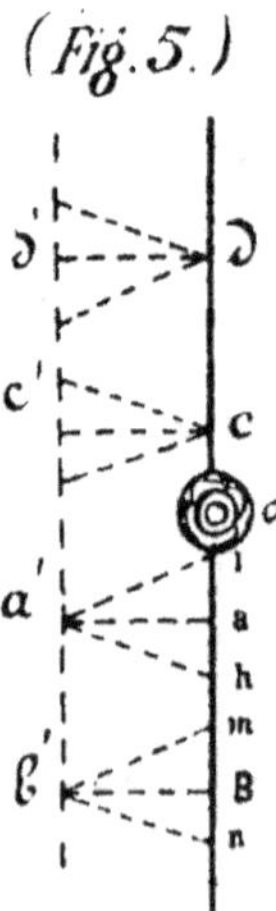

des points $c'\,d'$, des longueurs égales à celles que nous avons choisies en a et B; les quatre droites $a'\,a$, $\mathrm{B}\,b'$, $c\,c'$, $d\,d'$, sont en effet égales entre elles et perpendiculaires aux directions $b\,b$, $d'\,d'$; nous sommes donc revenus à droite d'une quantité égale et parallèle à celle dont nous nous étions écartés à gauche, donc $d\,c$ est bien le prolongement de $a\,$B.

2° JALONNEMENT.

30. — Dans ce qui précède, nous avons indiqué les principales précautions à prendre pour retrouver sur le terrain la direction générale de l'alignement que le plan et l'étude des lieux a indiqué comme le meilleur : il reste à tracer cet alignement dans son entier, c'est-à-dire à le jalonner.

Personnel. — Le personnel du tracé des alignements sur le terrain doit se composer :

1° D'un ouvrier choisi et bien dressé, pour jalonneur ;

2° De un ou deux hommes (selon que le pays est plus ou moins couvert de bois), habitués au maniement des outils (fauchets et serpes) nécessaires pour faire un passage dans les haies ;

3° D'un auxiliaire quelconque, destiné à enlever les jalons devenus inutiles, au fur et à mesure du cheminement, à les rapporter au jalonneur, et à les remplacer par des fiches ou jalonnettes en bois, qui doivent en conserver la trace.

31. Jalons. — Nous avons eu occasion de nous servir de jalons de divers modèles, en bois et en fer.

A notre avis, on doit accorder la préférence à ces derniers; ils sont moins encombrants, se placent naturellement plus verticalement, et permettent d'obtenir une solidité suffisante avec un faible diamètre, circonstance importante pour un bon jalonnement. Les dimensions que nous recommandons sont les suivantes :

Hauteur des jalons. 1ᵐ 70
Diamètre . . . Dᵒ 0 012

Il est bon de munir l'extrémité des jalons d'un petit triangle en tôle, d'environ 0,10 de côté, comme le montre la figure ci-contre. On distingue ainsi plus facilement la ligne et l'on repose par suite les yeux. Enfin il est nécessaire de peindre les jalons en bandes alternatives, de 0,20 environ de longueur. Les couleurs blanches et noires sont celles que nous préférons.

32. — Le choix du jalonneur est important, et l'on ne doit lui confier cette mission délicate qu'après s'être assuré qu'il a bien compris les leçons qu'on lui a données ; il importe de le vérifier souvent pendant les premiers temps de l'étude, pour se convaincre qu'il donne à son opération tout le soin qu'elle demande.

L'on doit surtout veiller à la verticalité des jalons posés, et n'abandonner un de ceux-ci pour en placer un second, qu'après s'être bien assuré, à l'aide d'un fil à plomb (objet inséparable du jalonneur), que cette condition est remplie.

L'on peut, il est vrai, jalonner exactement une ligne, en ayant soin de *couvrir* constamment, dans leur entier, les jalons précédents ; mais, outre que cette façon d'opérer demande plus d'habitude, elle serait inapplicable ou sujette à induire en erreur, dans une étude de longue haleine, où l'on rencontre une multitude de cas où il est impossible d'apercevoir les jalons précédents dans leur entier.

A chaque changement d'alignement, il ne faut jamais oublier non plus de vérifier le travail du jalonneur pour l'intersection des alignements ; il n'en résulte, pour la brigade du tracé, qu'un mince surcroît d'attention, qui demanderait dans le cas contraire un travail beaucoup plus long à l'opérateur chargé du tracé des courbes.

33. — Nous avons parlé d'ouvriers « *habiles à couper le bois.* » Dans les études où nous avons été employé, le pays à traverser s'est toujours présenté coupé de nombreuses parcelles, dont les limites séparatives comprenaient des haies très-épaisses. Lorsqu'il en est ainsi, l'on regagne bien vite le prix supérieur que l'on peut être obligé de donner à un ouvrier fort et habitué, par la célérité de l'opération et par la moins grande dépréciation causée au bois coupé ou à celui qui environne le passage nécessaire, dépréciation qui peut se traduire par des indemnités nombreuses à payer aux propriétaires, généralement très-complaisants quand on ne leur cause que le dommage strictement indispensable aux opérations.

Nous avons dit que l'auxiliaire chargé de ramasser les jalons et de placer les jalonnettes pouvait être quelconque. Cette opération exige évidemment moins d'habileté et de force que les deux autres; elle demande cependant beaucoup d'activité, et si l'ouvrier que l'on en charge vaut moins que les autres, il doit cependant être bon. En un mot, pour faire promptement une étude sérieuse, il faut un personnel intelligent et fixe.

Le dernier ouvrier dont nous venons de parler devra s'habituer à placer exactement les fiches dans les trous des jalons, en ayant soin de les planter dans le sens de la ligne, suivant celle de leur direction qui s'écarte le moins de la verticale, l'on doit prendre la bonne précaution d'en mettre sur les séparations de champs, les autres étant souvent abattues par les bestiaux ou dérangées par les enfants.

34. — En opérant comme nous venons de l'indiquer, l'opérateur conserve sa liberté d'esprit et d'action; il peut examiner à nouveau le terrain, et souvent trouver des combinaisons plus avantageuses; mais il ne faut jamais oublier de surveiller attentivement chacun : l'on a toujours quelque chose à rectifier, et sous l'œil du chef, le travail marche mieux et les dégâts causés sont moins considérables.

CHAPITRE VI.

TRACÉ DES COURBES.

35. — Les courbes représentent ordinairement une forte proportion dans la longueur totale des chemins de fer d'intérêt local, où la recherche des terrassements minimum oblige à épouser le terrain le plus complétement possible. Leur développement atteint souvent la moitié et même les $\frac{2}{3}$ de la longueur du tracé.

On comprend par suite que la fixation exacte de leurs points de passage est une des parties essentielles de l'ensemble du travail.

L'importance de cette opération est cependant subordonnée au tracé des alignements, car l'opérateur a dû prévoir à l'avance la position de ces derniers, eu égard aux courbes qu'il juge nécessaires. Lorsque les alignements sont jetés, les courbes doivent donc être déterminées en ce qu'elles ont d'essentiel : le rayon.

36. Choix des rayons. — Le choix du rayon d'une courbe dépend de plusieurs circonstances qui peuvent se présenter séparément ou conjointement ; nous allons examiner les principales :

1° La courbe peut avoir pour but de raccorder deux alignements dont la position respective est commandée par la direction des points à desservir.

Dans ce cas, où nous écartons les difficultés de terrain, le choix du rayon dépendra de la longueur que l'on peut être obligé d'assigner à l'arc, par suite de courbes voisines en sens contraires, ou encore de l'angle des alignements, qui donnerait, en admettant qu'il soit faible, des courbes dont le développement serait considérable si l'on choisissait de trop grands rayons.

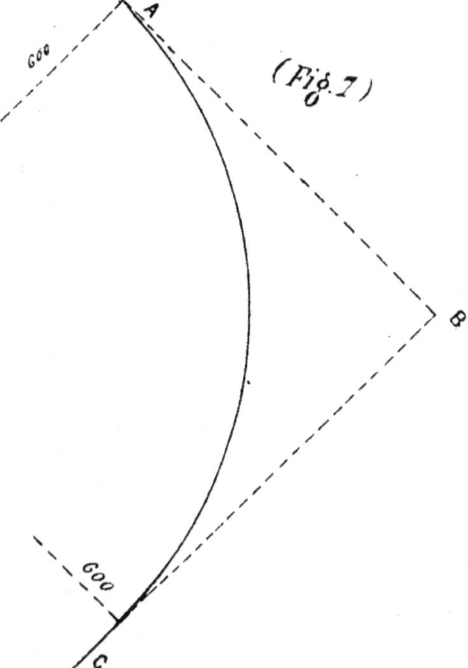

Pour les chemins de fer d'intérêt local, les courbes à grand rayon n'ont pas d'avantages aussi marqués que sur les lignes de premier ordre. Il y a donc une limite maximum dans laquelle on pourra se renfermer, sans chercher à la dépasser dans le but d'améliorer le tracé. Jusqu'ici nous avons vu considérer les courbes de 6 à 800^m de rayon comme suffisantes pour une bonne exploitation.

Ainsi, pour raccorder par exemple les deux alignements AB, BC, dont l'angle est peu ouvert, il serait bon de s'arrêter au maximum à la courbe de 600^m de rayon que nous avons tracée, et qui a déjà un développement de près de 1000^m;

2° La courbe est obligatoire pour contourner un obstacle : ravin, contrefort, hameau, etc.

Dans les deux premiers cas, le problème à résoudre consiste à chercher la ligne qui épouse le mieux les accidents du terrain à la hauteur où l'on est obligé de se tenir. Pour tourner le contrefort A (1), dont nous avons la topographie par les nivellements de reconnaissance, nous voyons qu'une courbe de 400ᵐ de rayon se rapprocherait le plus des altitudes que nous pouvons accepter pour la ligne, que nous supposons ici en rampe constante de M vers N.

Pour le ravin B, au contraire, une courbe de même rayon empêcherait d'en suivre les flancs et donnerait lieu à un remblai trop considérable pour le traverser; prenons alors le rayon limite, 300ᵐ, qui, s'il ne permet pas de passer franchement l'obstacle, réduira du moins la dépense et nous donnera un alignement droit $a\,b$, plus que suffisant entre les deux courbes de sens contraire.

Ces essais de courbes sont faciles après le nivellement de reconnaissance, repéré sur le plan au $\frac{1}{2500}$.

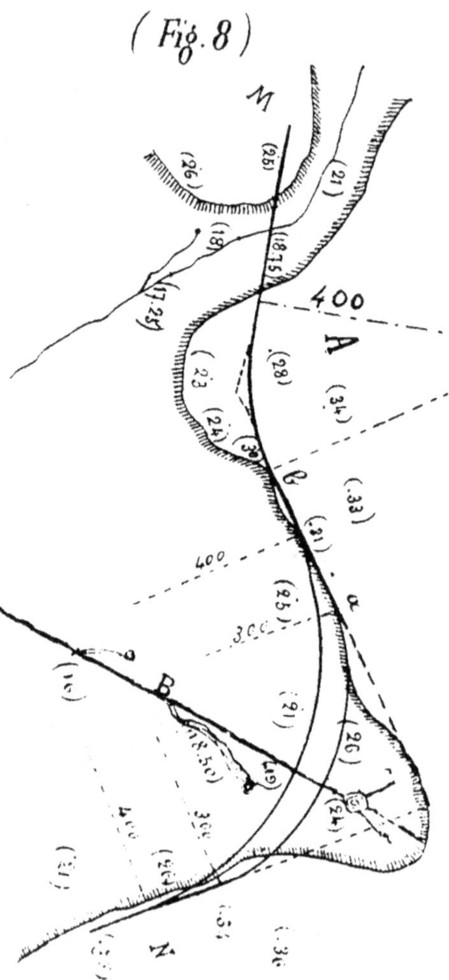

(1) Les lignes hachées indiquent, sans désignation d'altitude, les contours en plan des limites bien visibles des contreforts et ravins.

Pour le 3ᵉ cas, passage d'un hameau, habitations importantes etc., le terrain peut être moins exigeant, et le rayon à choisir n'avoir pour but que d'obtenir une flèche suffisante pour franchir l'obstacle. Nous en avons un exemple dans la (planche 1) où le rayon adopté de 400 ᵐ donne une courbe qui ne frappe aucune habitation, lorsque celui de 300 en couperait deux.

Une autre considération peut encore imposer le choix d'un rayon : il peut se faire qu'au point considéré la ligne soit forcément en fortes déclivités ; dans ce cas, il faut autant qu'il est possible, éviter des rayons de moins de 400ᵐ dans les pentes ou rampes de 0,015 et au-dessus.

Si la courbe que l'on veut tracer joint une station, ou même doit en faire partie sur une certaine longueur, ce sera encore un point que l'on devra considérer pour ne pas abaisser le rayon jusqu'à la limite que, peut-être, le terrain demanderait.

37. Relevé des angles des Alignements. — Avant de passer au tracé de la courbe, nous allons dire quelques mots du *relevé des angles des alignements* et du graphomètre.

Cette opération demande beaucoup d'attention, les erreurs que l'on y pourrait commettre étant non-seulement locales, et importantes au point de vue de la position des points de la courbe, mais encore entachant la suite entière du *rapport* du tracé sur le plan, et rendant ce travail presque impossible, si l'on n'a que le $\frac{1}{10000}$ qui présente parfois des zones sans détails assez considérables, pour ne pouvoir y repérer les alignements.

Les courbes sont souvent tracées par un opérateur autre que celui chargé des alignements ; il en résulte qu'au moment où le second opérateur se trouve sur un point que le premier peut avoir quitté depuis déjà quelques jours, la ligne n'y est plus représentée que par les *fiches* ; il faut la rétablir ; deux ou trois jalons placés sur chaque alignement, suffisent avec celui du sommet, pour retrouver les directions primitives ; il faut avoir soin, en plaçant ces jalons, de ne pas se contenter de les poser dans les trous des fiches, qui ont pu être ou dérangées ou mal placées ; on doit vérifier avec des points éloignés la coïncidence de la direction que l'on établit avec celle de l'alignement primitif.

Cette première cause d'erreur écartée, il faut mettre ie graphomètre en station. Tout se borne ici, à faire en sorte, à l'aide du fil à plomb, que l'axe vertical de l'instrument soit bien sur la même verticale que le sommet de l'angle, et que le limbe soit horizontal ; beaucoup d'instruments ne sont pas munis de niveaux régulateurs, on ne peut alors vérifier la dernière condition qu'approximativement.

En ce qui touche la lecture de l'angle, nous nous bornerons à mentionner une bonne précaution, qui consiste : après avoir pris l'angle, à laisser l'instrument en station, et à relire une seconde fois lorsque l'on a établi une partie de ses calculs ; le laps de temps qui s'écoule entre les deux lectures, écarte de la mémoire le premier chiffre et empêche de commettre ces erreurs fréquentes : de deux mêmes lectures d'un chiffre erroné.

38. Vérification du graphomètre. — Les instruments sortent généralement bons des mains du constructeur : il n'est cependant jamais inutile de vérifier celui dont on se sert ; l'usure ou d'autres causes, peuvent avoir dérangé l'ensemble du système.

Disons en quelques lignes comment on peut vérifier un graphomètre.

La première vérification consiste à s'assurer que lorsque l'on a amené les quatre pinnules dans un même plan, le zéro du *vernier* coïncide bien avec le zéro du *limbe*. La deuxième vérification doit porter sur le centrage de l'instrument, c'est-à-dire sur la coïncidence du centre de l'instrument avec l'axe de rotation du *limbe*. Voici comment l'on peut opérer :

Après avoir déterminé deux directions A B, C D, qui se coupent en un point O, l'on mesure l'angle C O B ; changeant ensuite de place l'alidade fixe, que nous supposons d'abord placée suivant A B, on l'amène sur la direction C D, et l'on mesure l'angle supplémentaire A O C, si l'instrument est bien centré, la somme des deux lectures doit donner 180°.

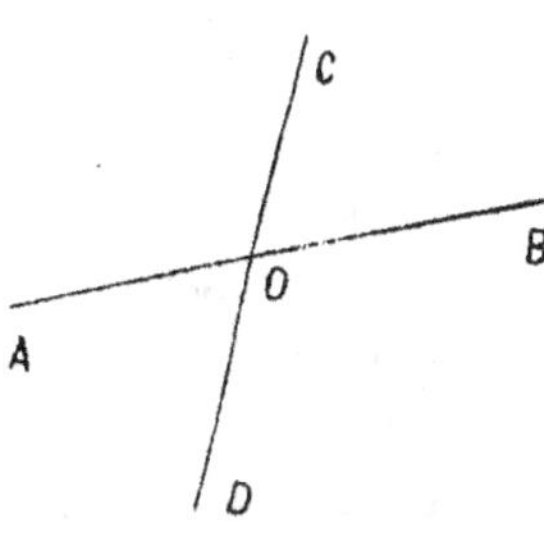

Il reste enfin à vérifier l'égalité des divisions du limbe ; le procédé le plus simple consiste à mesurer à l'aide du compas un ensemble de divisions, dix par exemple, et à porter ensuite cette longueur sur le limbe, en s'assurant du nombre des divisions embrassées à chaque fois.

39. Vérification de l'équerre. — Puisque nous parlons de vérifications, retraçons en quelques mots un moyen de vérifier l'équerre d'arpenteur : Après l'avoir placée au point O, il suffit de fixer un jalon suivant chacune des directions O A, O B, en tournant ensuite l'équerre sur elle-même, de façon à amener chacune des fenêtres dans la direction O B, par exemple, on devra, si elle est juste, apercevoir O A par la fenêtre immédiatement précédente.

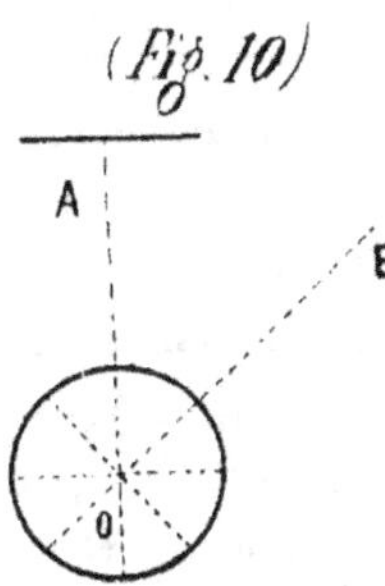

40. Tracé de la courbe. — Nous supposons le rayon choisi, il reste à tracer la courbe sur le terrain.

Les procédés sont nombreux, et nous n'entrerons pas dans les détails que chacun d'eux comporte ; nous allons simplement expliquer les moyens dont nous nous sommes servi le plus souvent et qui, en fin de compte, nous ont conduit au résultat le plus expéditif, avec toute l'exactitude désirable pour le genre d'étude qui nous occupe.

Les calculs relatifs à chaque arc seraient trop longs à faire sur le terrain ; il est absolument indispensable d'avoir recours à des recueils donnant tous les éléments calculés dont on peut avoir besoin.

Nous ne développerons pas ici la théorie des diverses relations entre les éléments des courbes. Les tables dressées pour le tracé des courbes sont nombreuses, on pourra appliquer à celles que l'on possède les raisonnements qui vont suivre.

Les tables dressées par M. C. Prus, ingénieur, en collaboration avec plusieurs conducteurs des Ponts et Chaussées, et celles de M. Faivre, conducteur des Ponts et Chaussées, présentent un ensemble de calculs amenant promptement aux solutions nécessaires. M. Asselin, chef de section des chemins de fer, a aussi publié un ensemble de tables commodes, mais les procédés qu'il indique nous ont paru convenir davantage à un tracé d'exécution qu'à un projet.

Inutile de détailler chacune de ces tables, leur disposition est très-simple, et les explications qu'elles contiennent font connaître facilement leur mécanisme. Nous allons montrer par des exemples, les procédés par lesquels on peut arriver à placer rapidement sur le terrain les points nécessaires d'une courbe. — Supposons qu'il s'agisse de tracer la courbe A ; le rayon choisi est 600^m, l'angle des alignements 139° 25', (fig. 11) Nous pouvons opérer de deux façons différentes, en remarquant que le tracé de la courbe n'a pour but que de placer à leur véritable position les piquets de nivellement et de permettre au chaînage de s'effectuer sans interruption sur la ligne même du projet. Nous pouvons donc :

1° Ou placer sur les courbes un nombre suffisant de points pour permettre un chaînage entier :

2° Ou repérer seulement au kilométrage de la ligne les commencements et fins de courbe, et ne nous servir des tables que pour calculer la position des points de nivellement que le terrain pourrait demander sur leur développement.

1er *Procédé.* — Ouvrant la table de Prus, page 140, nous trouvons, pour un angle de 139° 25', une tangente de 36^m 975 et un arc de 70^m 831. Ces chiffres sont calculés pour un rayon de 100^m. Or, pour un même angle, les tg., arc, etc., sont proportionnels aux rayons, nous aurons donc

$$\text{ici} \quad \frac{36,975}{\text{tg. x}} = \frac{100}{600} \quad \text{et} \quad \frac{70.975}{\text{arc y}} = \frac{100}{600}$$

d'où   tg. x = 36,975 × 6 et arc y = 70,975 × 6

tg. x = 221,85   arc y = 424,98.

Ainsi pour un rayon quelconque, il suffit de multiplier le chiffre trouvé dans la table pour l'angle donné, par le rapport du rayon considéré à 100. Si le rayon donné était 250^m, l'on multiplierait par 2,5...., etc....

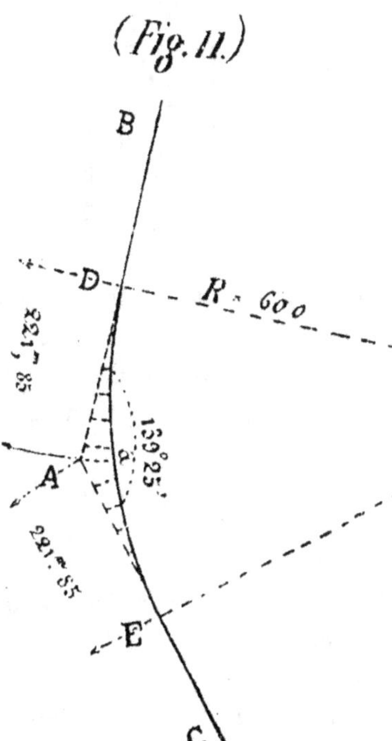

Faisons chaîner sur les tg. A B, A C, 221^{m}85, nous obtenons le commencement et la fin de la courbe, D et E. Il s'agit maintenant de la tracer par points. On obtiendra une exactitude suffisante pour le chaînage, lorsque l'on connaîtra un point, environ tous les 30 mètres.

Nous allons nous servir maintenant des tables de Faivre :

Ouvrant ces tables au rayon de 600^m, nous trouvons pour une abscisse de 29^m,99 une ordonnée de 0^m,75; faisons chaîner sur la tg., de D vers A, cette longueur 29^m,99, élevons au point trouvé une perpendiculaire de 0^m,75, nous avons ainsi un 1er point de la courbe ; l'abscisse suivante qui se rapproche le plus du chiffre que nous nous sommes imposé (30^m en 30^m,) est de 59^m,90, donnant une ordonnée de 3^m, chaînons donc 59^m,90 depuis l'origine, ou mieux la différence 59,90 — 29,99 $=$ 29,91, (en nous servant du point que nous possédons déjà), au point obtenu, élevons une perpendiculaire de 3^m,00, nous aurons un 2e point de la courbe ; en continuant ainsi de proche en proche, nous obtenons les abscisses et ordonnées successives :

ORDONNÉES	ABSCISSES
9,99	0,75
59,90	3,00
89,24	10,08
118,21	17,86
155,77	31,54
182,93	44,28
209,07	58,99

qui nous permettent de tracer la courbe presque jusqu'à son milieu ; ce dernier point ne nous est pas nécessaire ; le tracé de la demi-courbe A E nous fournit un autre élément de la courbe, suffisamment rapproché de a pour l'approximation que nous voulons obtenir.

Les mêmes calculs vont nous servir à tracer A E, il suffira de faire chaîner les mêmes abscisses et ordonnées que précédemment, en marchant de E vers A.

Les jalons ou fiches que l'on placera à chacun des points calculés, donneront la direction aux chaîneurs et il ne leur restera plus qu'à s'aligner de l'un sur l'autre, pour placer sur la courbe autant de piquets kilométriques ou de nivellement que l'on voudra.

Une bonne vérification des calculs faits, consiste à s'assurer que 3 fiches consécutives laissent bien celle du milieu sur la droite ou la gauche (suivant le sens de la courbe) de la ligne joignant les 2 autres ; la flèche ainsi produite, doit être à peu de chose près constante ; on doit donc vérifier à l'œil si cette condition est remplie.

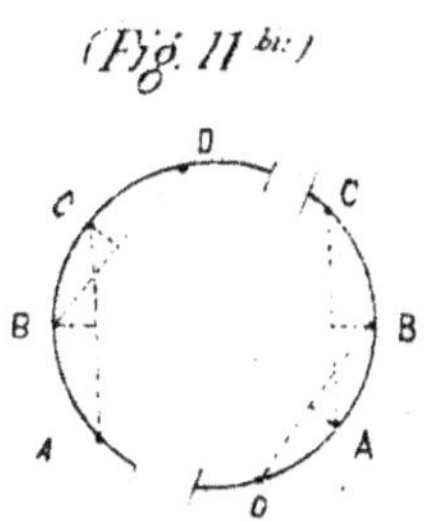

On s'assurera également que le chiffre kilométrique trouvé par le chaînage à la fin de la courbe coïncide bien avec celui donné par le commencement de la courbe augmenté du développement calculé. (Fig. 11 bis.)

41. — 2ᵉ *Procédé*. — La méthode que nous venons d'employer (tracé par points) serait inapplicable, à moins de grandes pertes de temps, dans les terrains très-boisés ; d'un autre côté, lorsque la nature topographique du terrain ne demande pas un grand nombre de points de nivellement dans l'intervalle des piquets hectométriques, il y a avantage à opérer de la manière suivante :

Soit $A'B'$, $A'C'$, les deux alignements à raccorder par un arc de 500ᵐ de rayon.

L'angle des alignements est de 125°15′.

Nous trouvons dans la table de Prus, (page 112) une tg. de 51ᵐ,780 et un arc de 95,557 pour cet angle, et un rayon de 100ᵐ.

Pour le cas qui nous occupe, la tg. sera $51,780 \times 5 = 258,90$ et l'arc sera égal à $95,56 \times 5 = 477,80$.

Le chaînage, de même que dans le cas précédent, a du être fait jusqu'au sommet A', et nous supposons que la valeur kilométrique de ce sommet soit 24ᵏ,285,25. Retranchons de ce chiffre la valeur de la tangente :

$24^k,285,25 - 258,90 = 24,026,35$ sera le point kilométrique du commencement de la courbe, et la fin se trouvera à :

$24,026,35 + 477,80 = 24,504^m,15.$

En supposant que nous ne voulions prendre de cotes de nivellement que de cent mètres en cent mètres, nous voyons que nous avons à placer les piquets hectométriques :

24^k 100, 24^k 200, 24^k 300, 24^k 400 et 24^k 500.

Si le terrain demandait quelques piquets intermédiaires, la même façon d'opérer que celle que nous allons indiquer permettrait de les placer.

Le point 24^k 100 se trouve à 73^m 65 du commencement de la courbe.

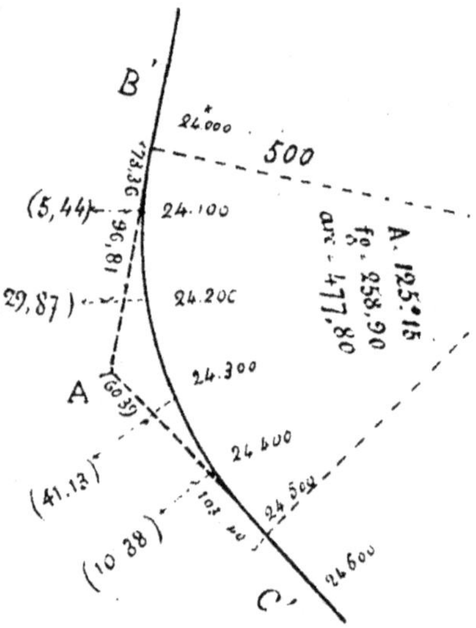

Cherchons dans la table de Faivre au rayon de 500^m. Nous trouvons pour une longueur d'arc de 70^m 00 une abscisse de 69^m77 ; une longueur d'arc de 80^m 00 nous donne une abscisse de 79,66. Par une simple règle de trois, sur les différences 80-70 et 79,66-69,77, nous obtiendrons l'abscisse de la longueur d'arc de 73^k 65 ; ici

(Fig. 12)

nous trouvons 3^m 59 à ajouter à l'abscisse 69,77 ; l'abscisse du point 24^k 100 se trouve donc être : 73^m 36. Nous calculerons de la même manière son ordonnée, par comparaison avec les ordonnées 4^m 89 et 6^m 39, et nous obtenons : 5^m 44.

Chaînons de B' vers A', à partir du point de tangence, une longueur de 73^m 36, élevons à ce point une perpendiculaire égale à 5^m 44, nous avons le point 24^k 100.

Pour placer le piquet 24^k 200, nous opérerons comme

précédemment, en ayant soin, comme nous l'avons déjà indiqué pour la courbe du premier procédé, de ne chaîner que les différences des nouvelles abscisses successives avec les précédentes, sans remonter à chaque fois au commencement de la courbe.

Le point 24^k 300 appartient à la seconde moitié de la courbe ; nous allons l'obtenir en opérant sur la tg. A' C'. Ce point se trouve à

$$24,504^m 15 - 24,300 = 204,15.$$

de la fin de la courbe ; son abscisse s'obtiendra donc par comparaison des abscisses 194,71 et 203, 88, des arcs 200^m et 210^m; nous la trouvons ici de : 198^m 51.

L'ordonnée s'obtiendra par comparaison des ordonnées

$$43,46 \text{ et } 39,47, \text{ elle est égale à } 41^m 13.$$

Au lieu de chaîner l'abscisse trouvée, de C' vers A', remarquons qu'il sera beaucoup plus expéditif de chaîner sa différence avec la tangente, de A' vers C',

$$\text{c'est-à-dire } 258,90 - 198,51 = 60,39.$$

Nous obtiendrons de même 24^k 400 et 24,500 en remarquant que le dernier point, 24,500, peut sans erreur sensible être placé sur la tangente même, à 4^m 15 de la fin de la courbe.

Le chaînage pourra ensuite se continuer sur l'alignement suivant, en partant du point repéré, de fin de courbe. — Ce mode d'opérer prépare moins bien, il est vrai, la ligne pour les niveleurs, il les oblige à niveler sur les tangentes et à jeter ensuite des nivellements intermédiaires sur les piquets ; mais son emploi est cependant indispensable dans les taillis, où le temps passé à quelques coups de niveau de plus sera toujours bien moindre que celui qu'il aurait fallu dépenser à l'ouverture de la ligne suivant la courbe ;

dans un pays découvert, il ne présente aucune difficulté ; nous croyons donc qu'on lui donnera souvent la préférence.

42. Tangentes inaccessibles. — Il peut arriver que les tangentes soient inaccessibles dans leur entier ou dans certaines de leurs parties, l'on peut alors tracer la courbe en se servant de la corde ; les tables que nous avons indiquées donnent les éléments nécessaires.

Mais comme ce cas ne se présente que rarement, il est beaucoup plus expéditif de se servir du plan au $\frac{1}{2500}$. Si l'on ne possédait que le $\frac{1}{10000}$ pour l'ensemble du projet, il ne faudrait pas hésiter à faire prendre un calque du parcellaire dans les parties où le tracé des courbes doit rencontrer des obstacles.

Ainsi, pour tracer la courbe de la planche (1), qui présente des difficultés pour se servir des tangentes aux points kilométriques 200, 300, 400, nous avons d'abord placé cette courbe sur le plan, ainsi que les points kilométriques, puis, nous aidant des divisions de parcelles comme lignes d'opération, nous avons chaîné la distance A B, vérifiée par celle de B en D ; au point B, nous avons élevé la perpendiculaire BE, dont la longueur est prise à l'échelle, et nous avons ainsi obtenu le point 24,300. En opérant de même sur les divisions parcellaires G H et M N, nous avons pu fixer les points 24^k 200 et 24^k 400.

En admettant quelques erreurs dans le plan ou dans la lecture des longueurs à l'échelle, leur quotité sera toujours faible et n'entachera pas d'une manière sensible le profil de la ligne.

43. — Pour conserver la trace de toutes les opérations et calculs relatifs aux courbes, il est nécessaire de consigner leurs résultats dans un carnet, le modèle que nous donnons ci-après est suffisant pour cet objet.

PAGE DE GAUCHE.

PAGE DE DROITE.

N° et désig. des Courbes.	Angles des alignem'	Rayons.	longueu' des tangent.	Déve- loppe- ments.	Commen- cement des courbes.	Fin des Courbes.	OBSERVATIONS ET CALCULS.
28 — Courbe à gauche pour contourner le village du HAMEL —	114°30'	400	257,29	457,28	24'073,»	24'530,28	

OBSERVATIONS ET CALCULS.

$$\text{Tangente} = \left\{ \begin{array}{c} 64,322 \\ 4 \\ \hline 257,288 \end{array} \right. \qquad \text{arc} = \left\{ \begin{array}{c} 114,319 \\ 4 \\ \hline 457,276 \end{array} \right.$$

Sommet à 24'530,29.

$$\text{Fin de la courbe} \left\{ \begin{array}{c} 24,075,00 \\ 457,28 \\ \hline 24'530,28 \end{array} \right.$$

Observation. — Le rayon de 400ᵐ est obligatoire pour franchir le village, un rayon de 500ᵐ, donnerait trop de terrassements.

CHAPITRE VII.

PIQUETAGE.

44. — Le piquetage se fait habituellement en même temps que le tracé des courbes, par les soins du même opérateur. Ce mode d'opérer permet de se servir des mêmes *chaîneurs*, pour ces deux opérations importantes.

L'opérateur chargé de cette partie de l'étude a besoin d'une brigade de quatre hommes au minimum : *deux chaîneurs, un ouvrier habile à couper le bois et un auxiliaire* ; ces deux derniers se chargent des piquets et des instruments.

L'on ne saurait apporter trop de soins dans le choix des chaîneurs, et l'on doit s'attacher les premiers jours de l'étude, à les dresser à opérer avec une rectitude même exagérée, Lorsque, par des vérifications fréquentes, l'on s'est bien assuré de leur aptitude, on regagne rapidement le temps passé les premiers jours, en les employant à des chaînages partiels sur lesquels on pourra compter, pendant que l'on est soi-même occupé à autre chose ; il ne faut cependant jamais oublier de contrôler à l'œil le travail que l'on n'aura pas suivi ; l'ouvrier qui ne connaît pas toute l'importance de ce dont il est chargé, est toujours enclin à se relâcher, et il faut l'appuyer constamment, au moins moralement, en lui faisant voir qu'on le contrôle toujours.

L'on doit aussi, dès les premiers jours, habituer les auxiliaires au maniement des instruments, de façon qu'il puisse les mettre en station en un point donné et que l'on n'ait plus qu'à rectifier. Nous reviendrons plus loin sur le choix du personnel en général, au point de vue de l'économie et de la rapidité du travail.

45. — Il est indispensable d'être muni, pour le chaînage, de décamètres rubans, en acier ; ils présentent de grands avantages sur les chaînes à anneaux et n'ont aucun de leurs inconvénients. Leur prix est minime (15 à 20 fr.)

46. — Les points sur lesquels on doit surtout appeler l'attention des chaîneurs sont les suivants : horizontalité de la chaîne à chaque station, tangence des poignées avec les verticales aux extrémités de la chaîne, alignement exact sur la ligne tracée, comptage des fiches à chaque hectomètre.

Pour le premier point, l'œil seul sert de guide, et les hommes doivent s'habituer à compenser la pente du terrain par l'abaissement ou l'élévation de la main le long des jalons dont ils sont porteurs.

On vérifie le 2ᵉ cas en munissant chaque jalon d'un fil à plomb, que l'on doit avoir soin de placer en sens convenable ;

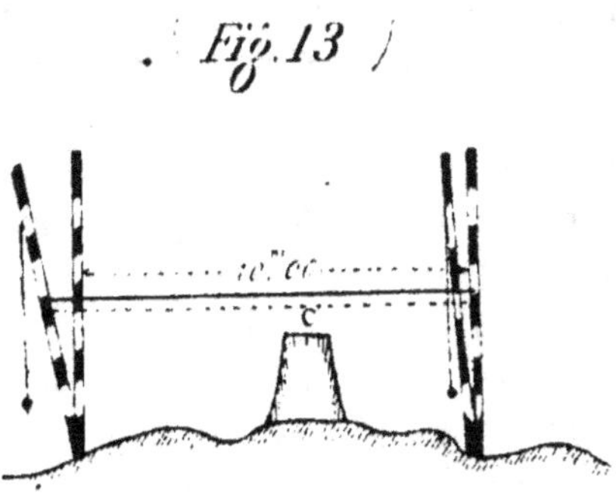

Fig. 13

on corrige ainsi la tendance qu'ont les deux hommes, l'un à tirer la chaîne à lui, l'autre à laisser marcher vers le premier. La fig. (13) montre l'erreur souvent commise et l'indication que les fils à plomb en donnent.

Quant au troisième cas, ce n'est qu'une question d'aptitude chez le chaîneur arrière, poste que l'on doit toujours confier au plus habile.

Nous venons de parler de jalons donnés à chaque chaîneur; c'est en effet le meilleur procédé pour franchir un obstacle. La figure (13) montre l'avantage du système pour passer un fossé C ou tout autre obstacle élevé. Lorsque la hauteur du jalon ne permet pas de corriger la différence de pente pour une chaînée, on scinde alors celle-ci en deux ou trois, suivant les besoins.

Le comptage des fiches est un point capital que cependant les hommes négligent souvent; on comprend l'importance de l'erreur que la perte inaperçue d'une fiche produirait au bout de plusieurs stations.

47. Piquets. — Les piquets qui vont servir de repère aux niveleurs se placent habituellement à chaque hectomètre; un terrain ordinaire est en effet suffisamment déterminé lorsque l'on y possède, sur la ligne, une cote tous les cent mètres; cependant si dans l'intervalle il se présente des accidents de terrain ou des changements brusques de pentes, l'on met alors des piquets intermédiaires avec leur indication kilométrique. Les axes des chemins traversés, des ruisseaux, doivent aussi être piquetés, de façon à permettre aux niveleurs d'en fixer la position kilométrique sur le carnet, en même temps qu'ils prennent les autres renseignements nécessaires pour la rédaction du projet.

Il y a une grande économie de temps à faire faire à l'avance ces piquets; ceux que l'on pourrait (pas toujours) couper sur les haies, demandent pour leur préparation une dépense en ouvriers aussi considérable que le prix que l'on peut payer ceux que l'on achète. Ces derniers sont en outre beaucoup plus commodes pour l'inscription des renseignements et pour les niveleurs. On les enfonce à l'aide d'un maillet de bois. Les dimensions suivantes nous ont paru les plus convenables : $0^m 35$ à $0^m 40$ de longueur, et $0^m 03$ à $0^m 04$ de côté. On enfonce les piquets d'environ $0^m 25$, et il reste une hauteur de $0^m 10$, à $0^m 15$, assez grande pour les apercevoir aisément, sans attirer cependant l'attention des gens mal intentionnés, et suffisante pour recevoir les inscriptions.

On se procure ces piquets chez le premier menuisier venu, qui les taille dans ses débris de magasin. Le sapin est le bois préférable; le prix du cent varie entre 5 et 7 fr.

48. Lorsque l'on n'a pas avec soi de plan où l'on puisse repérer chaque piquet, il faut avoir soin, comme moyen de contrôle, d'inscrire sur un carnet spécial la désignation kilométrique de chaque piquet posé. Dans les opérations d'études, où mille circonstances diverses appellent l'attention, on doit se méfier de la mémoire et ne s'en rapporter qu'aux écrits.

Lorsque l'on possède le plan au $\frac{1}{2500}$, l'on pourrait, lorsque la ligne y est arrêtée, placer à l'avance les piquets sur le plan et les poser ensuite sur le terrain à l'aide des divisions de parcelles.

Tout bien considéré, le chaînage complet de la ligne ne demande pas plus de temps; il appelle davantage l'attention sur les ondulations du sol, permet de corriger les erreurs de détails que peut renfermer le plan, et doit par suite, être préféré, ce qui n'empêche pas de contrôler son opération avec le kilométrage du plan.

CHAPITRE VIII

NIVELLEMENTS.

49. Notre but n'est que de retracer les dispositions générales de chaque genre d'opération, en écartant les détails toujours connus du lecteur; on nous permettra cependant, avant de passer aux recommandations spéciales, de dire quelques mots des instruments du nivellement et des principales considérations que nécessite leur emploi.

§ **1er. Niveaux.** — Les niveaux dont nous disposons ordinairement sont ceux de Lenoir, d'Egault ancien modèle et d'Egault modifié (niveau Brunner). Tous les systèmes rentrent, du reste, dans ceux-là et n'en diffèrent que par des dispositions de détail toujours faciles à saisir.

Nous ne parlons pas du niveau d'eau, qui, pour la rapidité et l'exactitude des opérations ne peut entrer en parallèle.

Niveaux d'Egault. — Les premiers niveaux d'Egault, à deux plateaux avec vis à caler et ressorts, sont construits avec trop peu de solidité pour être utilisés dans une étude de longue haleine, sans crainte de dérangements ou de détériorations; la lunette n'y est pas assez puissante pour l'étude qui nous occupe, et le poids total de l'instrument est insuffisant pour assurer la stabilité dans des terrains même légèrement mouillés.

Ces diverses considérations doivent faire rejeter ces niveaux, car la première condition pour faire un bon nivellement, c'est d'avoir un bon niveau.

50. Niveau Brunner. — M. Brunner a construit, sur les données du Niveau d'Egault, un instrument qui offre de grands avantages sur le premier :

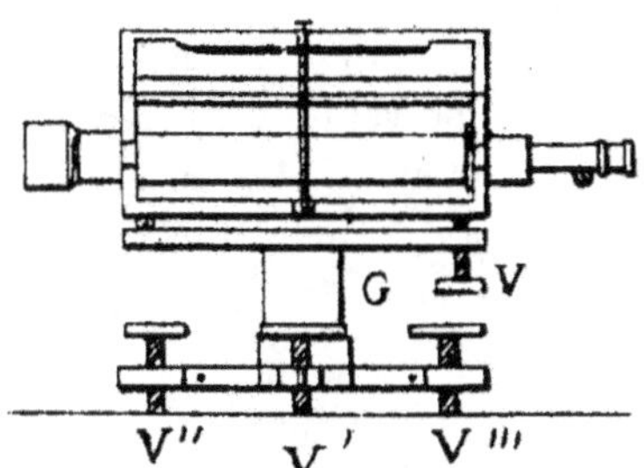

Le retournement bout pour bout peut se faire sans toucher à la lunette, celle-ci reste constamment dans ses supports, et évite ainsi les différences que l'on constate souvent entre deux lectures, avec les niveaux à plateau et colliers, et qui proviennent de corps étrangers, poussière, pluie, etc… se fixant sur les colets pendant les retournements. De plus, dans le niveau dont nous parlons, la lunette est beaucoup plus puissante.

Pour se servir de ce niveau, comme de tous ceux où la lunette est munie de colliers circulaires, il faut avant tout vérifier l'égalité du diamètre des anneaux. L'on comprend aisément l'importance de cette condition qui, si elle n'était pas remplie, donnerait, chaque fois que l'on ne serait pas à égale distance des points à niveler, une erreur assez considérable. Une différence de $\frac{1}{10}$ de millimètre dans les diamètres donne une erreur de 0,10, à une distance de 100 mètres du point à niveler ; il faudrait que cette différence soit moindre que $\frac{1}{100}$ de millimètre pour avoir une erreur plus petite que 0,001 à la même distance. Or il est bien rare que l'on soit également distant des points nivelés ; on serait donc sujet à avoir en fin de compte une somme d'erreurs appréciables.

51. Vérification de l'égalité du diamètre des anneaux.

— Voici comment on peut vérifier l'égalité des diamètres sur le terrain :

L'on rend vertical le pivot G, en agissant sur les vis à caler de la base et sur la vis V : on règle la bulle en se servant de sa vis de rectification propre et des rappels de la vis V. Cela étant fait, l'on retourne la lunette bout pour bout dans les collets ; si, après ce retournement, la bulle reste entre ses repères, les anneaux sont d'égal diamètre ; si elle s'en écarte, elle indique que cette condition n'est pas remplie, et l'instrument doit être rejeté, à moins que l'on veuille s'astreindre à calculer la quotité de cette erreur par mètre et à en corriger les cotes. L'on peut faire ce calcul de la manière suivante, qui donne en même temps un second moyen de vérifier l'égalité des diamètres :

Après avoir rectifié la bulle et centré les fils de la lunette, on détermine, en se plaçant à égale distance de deux points A et B, leur différence de niveau ; se plaçant ensuite contre l'un des points, A par exemple, on prend de nouveau la cote du point B et l'on mesure, en ayant soin que la bulle soit toujours entre ses repères, la

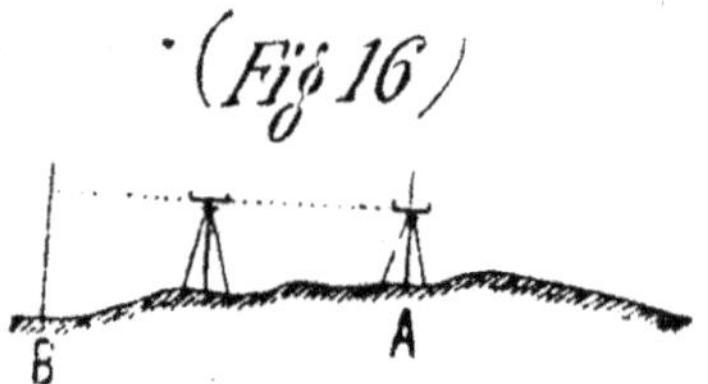

hauteur du trou de l'oculaire au-dessus du point A ; on obtient ainsi une différence de niveau entre A et B qui, par comparaison avec la première, donne l'erreur cherchée ; il ne reste plus qu'à la diviser par la distance entre les deux points pour avoir l'erreur par mètre.

En multipliant à chaque station la différence de distance entre deux points nivelés par l'erreur par mètre, l'on pourrait donc encore faire un nivellement exact ; mais cette sujétion serait impossible pour un travail de longue haleine, et lie ce n'est que pour mémoire que nous donnons ce moyen de correction. Un instrument défectueux doit être envoyé en réparation.

Ajoutons que le défaut que nous venons de signaler (différence dans le diamètre des anneaux) est très-rare, grâce aux procédés perfectionnés que l'on possède maintenant pour la fabrication des instruments.

52. Mise en station du niveau Brunner. — La mise en station du niveau Brunner se fait très-aisément.

Une précaution essentielle, quel que soit le niveau dont on se sert, consiste à placer l'instrument à peu près horizontal ou vertical (suivant le niveau) avec l'aide des pieds, de façon que l'on n'ait plus que peu de chose à faire avec les vis pour amener la bulle entre ses repères.

On commence ensuite par régler la bulle; pour cela, on l'amène entre ses repères à l'aide d'une des vis de la base, puis, retournant son système bout pour bout, sans toucher au reste du bâti, on voit si elle revient entre les premiers points; s'il y a écart, on corrige moitié de la différence avec la vis de rectification **H**, moitié avec la vis **V**.

Le centrage de la lunette se fait comme dans tous les niveaux, en lisant sur la mire deux cotes, la deuxième après avoir fait décrire à la lunette une rotation de 180° dans ses collets, et en abaissant ou en élevant le fil horizontal, à l'aide des vis de pression du réticule, de la moitié de la différence que l'on a pu constater.

Ces deux premières conditions remplies, on pourra opérer en donnant deux cotes, la deuxième en retournant le système de la bulle bout pour bout, et la lunette de 180° dans les collets. On obtient ainsi une moyenne correspondant aux quatre coups d'Égault.

Pour rendre vertical l'axe de rotation, et par suite horizontal l'axe optique de la lunette, l'on amène d'abord tout le système dans la direction de l'un des diamètres de la base co rrespondant à l'une des vis, **V'**, par exemple (il est bon en plaçant l'instrument d'avoir soin de mettre, si l'on peut, cette direction, autant que possible, dans celle de la ligne à niveler), et à l'aide de cette vis, l'on amène la bulle entre ses repères ;

retournant ensuite le système entier de 180°, on corrige, s'il y a lieu, la moitié de l'écart qui se présente dans la position de la bulle à l'aide de la vis **V** ; l'on obtient ainsi l'horizontalité dans le sens du diamètre $a\,b$. L'on conduit alors tout le système dans une direction, $c\,d$, parallèle aux deux vis **V"V'"**, prenant une de ces vis de chaque main, on les tourne en sens convenable pour amener de nouveau la bulle entre ses repères, ce qui

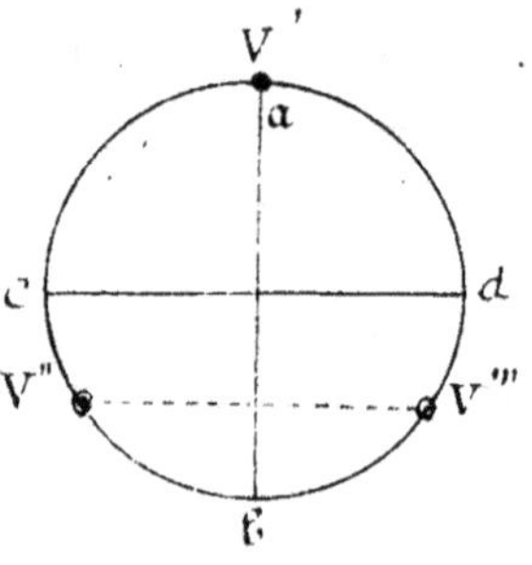

rend horizontal le diamètre $c\,d$ sans changer l'horizontale du diamètre $a\,b$, autour d'un point duquel l'autre n'a fait que basculer.

L'instrument devrait se trouver alors en état de ne donner aucune déviation de la bulle, dans quelque direction qu'on le tourne ; mais il n'en sera pas généralement ainsi, parce que le mouvement des deux mains n'est jamais parfaitement symétrique, et qu'en outre l'on n'aura placé qu'approximativement le système dans la direction des diamètres. L'on recommence alors la même manœuvre que nous venons d'indiquer, et au bout de deux ou trois opérations, les écarts de la bulle, qui ont toujours été en diminuant, deviennent insensibles.

Il est toujours bon, même avec un instrument bien rectifié, de donner deux coups sur chaque point, en ayant bien soin de ramener à chaque fois la bulle entre ses repères si pour une cause inappréciable elle s'en écarte un peu. Cette précaution de deux lectures est excellente pour faire reconnaître les erreurs que l'on peut avoir commises la première fois.

52. Niveau Lenoir. Les niveaux cercles de Lenoir, grand modèle, sont encore préférables à ceux que nous venons de décrire. Le nombre des pièces y est moindre, leur fonctionnement extrêmement simple, et leur structure massive leur donne une grande stabilité lorsqu'ils sont en station. Le centrage de ce niveau s'opère de la même manière que précédemment. Le jeu des pièces est seul changé : ce que nous avons dit des anneaux de la lunette, remplacés ici par des prismes $a\,b$, s'appliquent également à ceux-ci, dont on doit vérifier la hauteur par les mêmes procédés. Le centrage de la bulle et de la lunette se font comme précédemment. La seule différence théorique entre ce niveau et ceux du même genre, avec les niveaux d'Egault, consiste en ce que, dans les premiers (niveaux Lenoir), on se propose de rendre horizontal un plateau, tandis que dans les derniers, on rend vertical un axe de rotation.

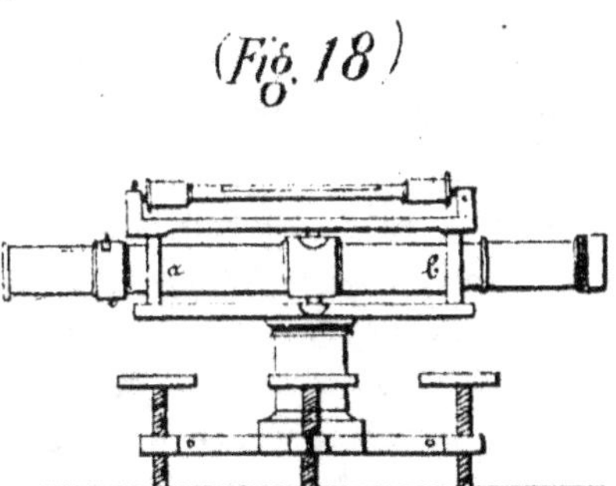

(*Fig. 18*)

Un excellent niveau de ce système, que nous avons eu entre les mains, provient de la maison Tavernier et Gravet à Paris, rue de Varennes, 39.

Les fortes dimensions de ce niveau lui donnent de grands avantages pour les études de chemins de fer, où la rapidité jointe à l'exactitude est toujours une condition fondamentale, et où il faut pouvoir profiter, quand l'occasion se présente, d'un terrain suffisamment plan pour prendre d'une même station le plus de cotes possibles, ce qui exige un instrument à la fois puissant et stable.

Les dimensions principales de ce niveau, sont les suivantes :

Diamètre du plateau.	$0^m 205$
Longueur de la lunette.	0 , 40
Diamètre de la lunette.	0 , 04
Longueur du tube de la bulle.	0 , 205
Diamètre d°	0 , 022

Et son prix de environ . . . . . 250 fr. 00

Le tout très-massif, un peu lourd peut-être, mais cela vaut mieux que le défaut contraire.

Nous ne saurions trop engager à se procurer ce niveau pour des nivellements de profil en long où l'on veut obtenir une grande exactitude.

54. Rayons de Courbure. — Une question sur laquelle il est également bon d'être fixé, avant d'opérer, c'est la sensibilité de la bulle du niveau dont on va se servir. Cette sensibilité, ou tendance de la bulle à s'écarter plus ou moins de ses repères pour une inclinaison donnée, dépend, pour la plus grande partie, du rayon de courbure du tube de la bulle ; plus ce rayon est grand, plus la bulle est sensible. Il y a cependant une limite que l'on est forcé d'adopter, car il arriverait que pour de trop grandes valeurs de R, la bulle deviendrait ingouvernable.

Voici comment l'on peut, sur le terrain, déterminer le rayon de courbure :

Supposons attaché au système de la bulle, un appareil visuel quelconque (la lunette dans nos niveaux) qui nous permette de diriger un rayon visuel tangent ou parallèle à la tangente de l'arc compris entre les repères ; donnons un coup de niveau sur une mire placée à une distance D connue, du centre de l'instrument ; inclinons le niveau, de façon à faire parcourir à la bulle un nombre de divisions, f, par exemple, et notons en même temps le chemin fait sur la mire par le rayon visuel, soit m ; soit en outre d la longueur d'une division du tube ; nous aurons :

$$\frac{m}{D} = \frac{df}{R} \quad \text{d'où} \quad R = \frac{D \times df}{m}$$

Exemple : m = 0,15 ; d f = 0,03 ; D = 100
nous aurons R = 20^m 00.

La grandeur des rayons de courbure varie dans d'assez grandes limites ; on ne fait cependant pas de niveaux où cette valeur de R dépasse 80 mètres.

Pour se rendre compte, sur le terrain, des difficultés que l'on éprouve quelquefois à conserver la bulle entre ses repères, il est donc utile de déterminer une fois pour toutes la valeur du rayon de courbure, qui fixera l'esprit et appellera l'attention sur les écarts de la bulle.

55. — Les liquides en usage dans les niveaux soignés sont l'alcool et l'éther, qui jouissent entre autres propriétés de rester fluides à de basses températures et sont doués d'une très-grande mobilité.

La bulle se retrécit beaucoup lorsqu'elle est exposée aux rayons du soleil ; pour qu'elle conserve toute sa mobilité, il est indispensable qu'elle garde une longueur minimum d'environ 0,02 ; plus petite, elle resterait souvent stationnaire, même pour de fortes inclinaisons du niveau, et donnerait par suite des résultats erronés.

§ 2. Des Mires.

56. — Nous ne dirons rien des mires à voyant, puisque nous avons supposé ne nous servir que de niveaux à bulle et à lunette ; ces mires sont, du reste, toutes construites à peu près de la même manière, et leur système n'offre rien de particulier. Les mires parlantes, au contraire, ont été l'objet d'un grand nombre d'essais, touchant la dimension et la forme à donner à leurs divisions, ainsi qu'aux chiffres qui y sont inscrits.

Il résulte des expériences de M. Bourdaloue, le grand maître dans l'art du nivellement, que, lorsque la portée des coups de niveau ne doit pas excéder 100 à 150 mètres (c'est le cas le plus fréquent dans les études), la hauteur de 0,02 pour chaque division est suffisante: Ce chiffre devrait être porté à 0^m04 si l'on avait à effectuer des nivellements de précision à de plus longues portées.

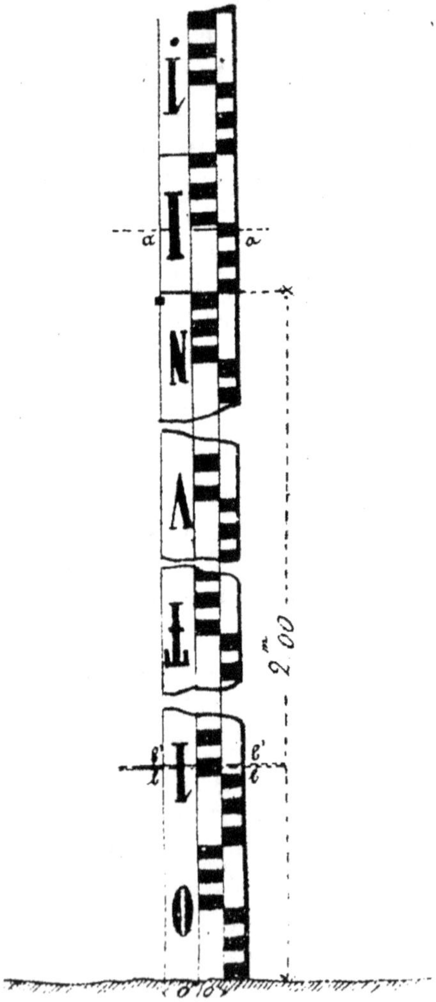

Les mires dont nous nous sommes toujours servi, après en avoir reconnu l'avantage, sont graduées avec des divisions de 0,02; elles ont 4^m de hauteur, en deux tronçons de 2^m chacun, facilement réunissables par une vis de pression, et 0^m10 de largeur. Le système de graduation est alternatif de 5 en 5 divisions ; celles-ci sont disposées comme le montre la figure (19), de manière à laisser libre un espace suffisant pour inscrire le chiffre des décimètres.

Les divisions sont alternativement blanches et rouges.

A chaque changement de décimètres inscrits, 1, 2, etc., (également peints en rouge) un trait rouge traverse la mire dans sa largeur.

(Fig. 19)

Les divisions ayant 0,02 de hauteur, les chiffres représentant les décimètres de convention, comprennent chacun un ensemble de 10 divisions, soit 0ᵐ20, il s'ensuit que pour avoir la moyenne de deux coups de niveau donnés sur chaque point, il suffit de faire la somme des cotes lues à chaque visée ; si l'on ne donne qu'un coup, on ajoute la cote à elle-même.

Le premier chiffre inscrit est O, cette disposition permet d'écrire à chaque lecture, pour chiffré des décimètres, celui dans la division duquel tombe le fil de la lunette.

Supposons, par exemple, que le fil coupe la mire en b à la moitié de la 6ᵉ division du 2ᵉ décimètre, la cote lue sera 0ᵐ155 ; après le retournement, le fil tombe en b' à 0ᵐ002 plus haut ; nous lirons alors 0ᵐ157 et la cote moyenne sera :

$$\left.\begin{array}{r} 0,155 \\ 0,157 \\ \hline 0,312 \end{array}\right.$$

La cote en a serait 1ᵐ045 + 1,045 = 2ᵐ090.

Nous insistons à dessein sur ce point, parce que beaucoup de mires présentent une graduation dans laquelle le premier chiffre inscrit est I ; ce mode d'inscription est moins commode que le précédent, il oblige à lire non pas le chiffre que l'on voit, mais celui immédiatement supérieur, qui quelquefois, souvent même, est invisible ; l'œil reste frappé du chiffre vu et l'on s'expose à l'inscrire, en commettant ainsi une erreur de 0ᵐ20.

Pour distinguer les divisions qui tombent dans la deuxième partie de la mire, lorsque la cote est supérieure à 2ᵐ00, tous les chiffres représentant les décimètres sont suivis d'un gros point rouge placé immédiatement en dessous, avec assez d'espace, cependant, pour qu'il n'y ait pas confusion. Le chiffre représentant 2ᵐ de hauteur réelle, et inscrit I sur la mire, est peint en noir et de plus écrit en caractère romain.

Dans la mire Bourdaloue, telle que la figure 19 le montre, le chiffre 9 est remplacé par la lettre N, le chiffre 5 par le caractère romain V et le chiffre 3 par un -T- barré. Ces précautions ont pour but d'éviter la confusion, entre 9 et 6, 3 et 5, par suite de la construction des lunettes qui font voir les objets renversés.

Pour assurer la verticalité de la mire, condition essentielle d'un bon nivellement, on la munit d'un fil à plomb dont les oscillations peuvent être diminuées par un petit piton placé à 0,20 ou 0,30 de l'extrémité du fil.

Les mires Bourdaloue sont munies d'un petit niveau à bulle simple, placé à environ 1m 20, pour que le porte-mire puisse toujours en contrôler les indications.

Pour permettre au porte-mire de résister plus facilement à l'action du vent, on munit la mire d'une poignée à charnière, facilement rabattue sur la face arrière, quand l'instrument ne sert plus.

On place cette poignée à environ 1m 50 de hauteur.

Un autre moyen employé consiste à placer dans le bois de la mire, deux vis, sur lesquelles l'on peut fixer deux poignées en bois, que l'on dé- visse pour transporter l'instrument.

Enfin pour éviter les dégradations de la peinture dans les transports, il est bon, quoique cela augmente un peu l'action du vent, de fixer sur les deux côtés de la mire deux petites tringles en bois, saillantes de 0m 01 environ sur la face graduée.

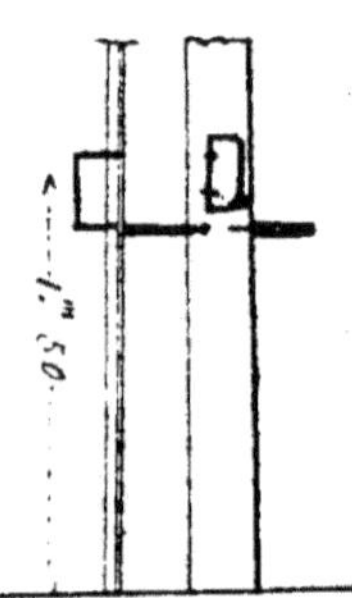

§ 3. Considérations générales sur les opérations de nivellement.

57. — Avant d'aborder le nivellement du tracé propre- ment dit, on nous permettra encore quelques détails sur l'opération du nivellement en général.

La première condition pour faire un bon nivellement est d'être débarrassé, une fois sur le terrain, de toutes les préoccupations qui pourraient naître d'indécision dans la lecture des cotes ou dans la conduite de l'instrument. Il est donc indispensable de se pénétrer, avant tout, du système du niveau et de la mire dont on va se servir.

Avant le commencement des opérations, on doit s'assurer que l'instrument que l'on possède remplit toutes les conditions d'un bon niveau : égalité des diamètres, des anneaux ou des hauteurs des prismes, sensibilité de la bulle, bonne construction de la lunette, jeu facile de toutes les vis dans leur écrou.

Il ne faut pas craindre de passer un jour ou deux dans ces diverses vérifications, ce temps se rattrape bien vite dans la suite des opérations.

En dehors des erreurs instrumentales, il en est d'autres qui existent naturellement et qu'il appartient à l'opérateur de faire disparaître en partie ; telles sont, par exemple, les erreurs dues à la *rotondité de la terre* ou différence entre le *niveau vrai* et le *niveau apparent* et la *réfraction*.

Quoique dans la plupart des cas on ne s'occupe pas de ces deux causes d'erreurs, nous croyons utile d'en dire quelques mots. On peut être appelé à établir un nivellement de repère à très-longue portée, et par suite il peut y avoir lieu de corriger les erreurs dues à ces deux causes.

58. Niveau vrai et Niveau apparent. — Nous savons que l'on entend par niveau vrai la courbe de niveau imaginaire, ou ses parallèles, qui relie deux points considérés; cette courbe serait celle que présenterait une ligne tracée sur une nappe d'eau joignant les points.

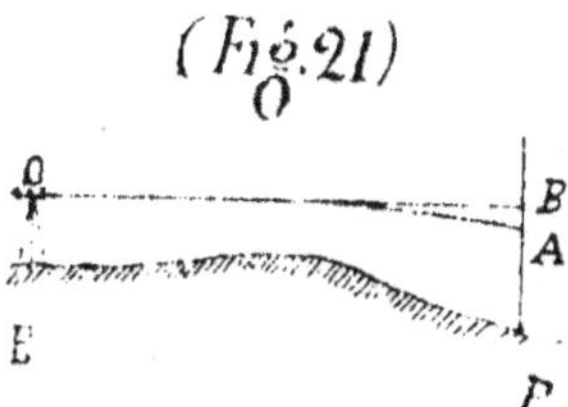

La différence de niveau des deux points E et F serait par suite la différence entre O E et A F ; la ligne O A, représentant la courbe due à la rotondité dans la partie E F. Le rayon visuel que nous dirigeons de O vers B ne suit pas cette ondulation et se rapproche de la ligne droite ; F B ne représente donc pas la différence de niveau des deux points E et F, mais bien cette différence entachée de l'erreur A B, différence avec le *niveau vrai* et le *niveau apparent*.

Voici comment pour une distance donnée on peut se rendre compte de l'erreur dont nous parlons :

La différence de niveau des deux points A et B (fig. 22) nous serait donnée par le niveau, à l'aide de l'horizontale A B ; B D serait l'erreur due à la sphéricité.

Prolongeons O B jusqu'en C et joignons O A.

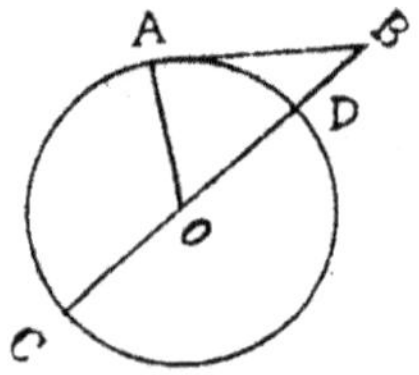

La tangente A B est moyenne proportionnelle entre la sécante entière et sa partie extérieure, nous avons donc :

$$\overline{A\,B}^2 = C\,B \times B\,D.$$

d'où $\dfrac{\overline{A\,B}^2}{B\,C} = B\,D.$

Or, si nous remplaçons dans cette équation B C par D C, égal à 2 R (R rayon de la terre), l'erreur commise sera excessivement petite, D C étant relativement très-grand par rapport à B D, toujours très-petit avec la portée ordinaire des niveaux ;

Nous pouvons écrire alors :

$$\frac{\overline{A\,B}^2}{2\,R} = B\,D.$$

Le rayon étant connu, ainsi que A B, on calcule B D très-aisément.

Pour une distance de 100 mètres, par exemple, en prenant R = 6,380,000^m, chiffre que l'on peut admettre en France sans erreur appréciable, l'on a :

$$B\,D = \frac{10,000}{12,760,000} = 0,00077837\ldots$$

Cette différence est encore assez forte si elle devait se répéter souvent ; mais n'oublions pas qu'elle comprend l'erreur produite sur toute la distance entre les deux points nivelés, en supposant le niveau placé en A, par exemple ; or, il n'en est jamais ainsi ; l'instrument est toujours en station en un point intermédiaire et la différence, entre le

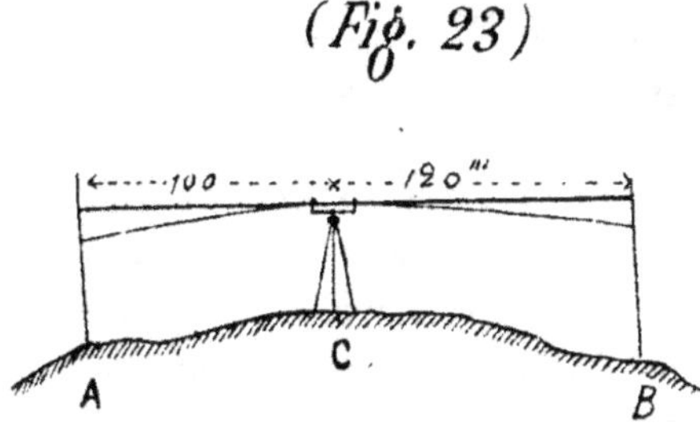

(Fig. 23)

niveau vrai et le *niveau apparent*, affectant chacun de ces points, la quotité de l'erreur ne s'établit plus que sur la *différence des carrés* des distances de la station aux deux points.

Supposons, par exemple, le niveau placé en C à 100^m du point A et 120^m du point B. Le point A sera coté plus haut qu'il n'est réellement, d'une quantité égale à

$$\frac{\overline{100}^2}{2\,R}$$

La cote B est de même entachée d'une erreur égale à :

$$\frac{\overline{120}^2}{2\,R}$$

L'erreur finale sera donc :

$$\frac{\overline{120}^2}{2\,R} - \frac{\overline{100}^2}{2\,R} = \frac{4,400}{12,769,000} = 0,000,344\ldots$$

L'erreur croîtrait rapidement avec la différence de longueur entre la station et les points nivelés ; elle fait déjà voir l'importance de l'égalité deces distances.

Dans un nivellement de plusieurs kilomètres, l'on se trouve toujours tantôt à droite, tantôt à gauche, des distances médianes de chaque station, il y a par suite compensation, ou du moins la différence algébrique des erreurs en + et des erreurs en — est généralement assez faible pour être négligeable.

59. De la Réfraction. — La réfraction, ou déviation du rayon visuel dans l'atmosphère, en traversant des couches d'air d'inégale densité pendant son trajet de l'œil de l'observateur à la mire, vient corriger en partie l'erreur due à la sphéricité. Cette réfraction, d'après de nombreuses expériences, est en effet presque toujours additive, c'est-à-dire qu'elle fait voir la mire plus haut qu'elle n'est réellement, et par suite fait lire une cote trop faible.

Ex : La différence de niveau de A à B nous serait donnée par la différence de hauteur des verticales Aa, Bb, cette dernière supposée diminuée de l'erreur due à la rotondité ; or, le rayon visuel, au lieu de

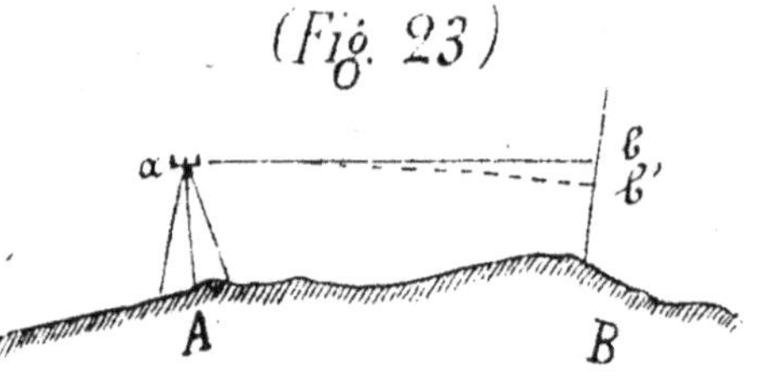

suivre l'horizontal $a\,b$, s'infléchira suivant $a\,b'$. La cote lue b' B sera donc trop faible de la quantité $b\,b'$, erreur due à la réfraction. Nous devons donc ajouter $b\,b'$ à la cote lue.

On remarquera que les deux erreurs : *réfraction* et différence du *niveau apparent* et du *niveau vrai* sont de signes contraires ; il suffira donc de corriger la cote lue de la différence de ces deux erreurs.

Dans des conditions atmosphériques ordinaires, l'erreur due à la réfraction est d'environ les $\frac{16}{100}$ de la différence entre le niveau apparent et le niveau vrai.

Exemple : Distance aux points nivelés : 150 et 200 mètres ;

Cotes lues : sur A. . . . . | 2^m 8700

Erreur due à la rotondité moins la réfraction :
à retrancher :

$$\frac{\overline{150}^2}{12,760,000} - \frac{\overline{150}^2 \times 16}{12,760,000 \times 100} = \quad \cdot \cdot \quad 0,0014$$

Cote vraie du point A . . . . | 2^m 8686

Cotes lues sur B. . . . . | 3^m 4750

$$\text{Erreur à retrancher:} \quad \frac{\overline{200}^2}{12,760,000} - \frac{\overline{200}^2 \times 16}{12,760,000 \times 100} = \quad 0,0026$$

Cote vraie du point B . . . . | 3^m 4724

Comme on le voit dans l'exemple donné, si les calculs des erreurs n'avaient pas été faits, le résultat ne serait entaché que de la différence 0,0026 — 0,0014 = 0,0012, c'est-à-dire un peu plus de 1 millimètre, quantité insignifiante, par suite des compensations.

Les deux considérations qui précèdent, ont eu pour but de faire ressortir l'avantage de placer le niveau à égale distance des points à niveler. Ce mode de procéder assure en outre, la compensation des erreurs qui se produiraient dans le cas où pour une cause quelconque due à l'instrument, le rayon visuel serait dévié de l'horizontal.

60. Portée des coups de niveau. — Outre la difficulté de se rendre un compte exact de la partie de division interceptée sur la mire, lorsque la portée dépasse certaines limites, il est encore une autre cause qui doit faire limiter cette portée bien au-dessous de la distance à laquelle il serait possible de lire.

Cette cause tient à l'incertitude dans laquelle on se trouve de la position exacte de la bulle de part et d'autre du sommet du tube.

Admettons que l'on puisse se tromper de 0^m,0005 dans la position de la bulle, c'est-à-dire que sans que l'on puisse s'en rendre compte, elle s'écarte de 0,0005 de plus d'un côté que de l'autre, du milieu de l'ensemble des divisions.

Appelons d, cette différence ; soit D, la distance à laquelle on est de la mire et R le rayon de courbure du tube. Désignons enfin par e, l'erreur commise dans la lecture ; nous aurons :

$$e = \frac{D \times d}{R}$$

car le déplacement de la bulle pour une même longueur est d'autant plus considérable que le rayon de courbure est lui-même plus grand.

Supposons maintenant que l'on veuille niveler à 0,001 près et que l'instrument ait un rayon de courbure de 40 mètres ; nous aurons alors

$$0,001 = \frac{D \times 0,0005}{40}$$

D'où $\quad D = \frac{40 \times 0,001}{0,0005} = 80$ mètres.

La portée du coup de niveau devrait donc être de 80 mètres.

On peut sans crainte porter cette distance à 120 ou 150 mètres ; car nous avons admis une erreur maximum de 0,0005, qui n'existera pas en moyenne ; en admettant un ensemble d'erreurs de $0^m,0003$, on trouverait 133 mètres pour la portée du coup de niveau.

61. Influence de la température sur l'exactitude du nivellement. — Commençons par proscrire complétement tout nivellement d'exactitude par temps pluvieux ou de brouillard ; on ne peut être certain dans ces moments des indications du niveau ; les retournements exposent à l'humidité les parties supposées en contact rigoureux ; de là des différences souvent importantes. D'un autre côté, l'opérateur lui-même ne peut prendre aisément les croquis et renseignements obligatoires, et l'on est toujours porté à se presser ; les porte-mires tendent à se relâcher ; en un mot, l'opération ne peut présenter de certitude. Il vaut mieux rattraper dans les belles journées le temps perdu, que de s'exposer à des mécomptes.

La trop grande chaleur est aussi un obstacle pour un nivellement de précision; la bulle se raccourcit et devient paresseuse; d'autre part, la mire présente des oscillations constantes, qui gênent beaucoup la lecture.

C'est surtout le matin et dans le milieu du jour, que ce dernier phénomène se manifeste le plus, aussi l'après-midi est-il le moment le plus favorable au nivellement. Les couches d'air ont eu le temps de se mettre en équilibre de température, et les erreurs de réfraction sont beaucoup diminuées.

Des opérations demandant une très-grande précision, se sont même faites la nuit, en munissant le niveau et la mire de lanternes.

Le vent a peu d'influence sur le niveau, que l'on doit toujours avoir le plus massif possible ; mais il n'en est pas ainsi pour la mire, malgré les soins de l'ouvrier qui la tient. Dans ce cas, il convient de suivre pendant quelques instants les oscillations, en prenant par la pensée la cote la plus haute et la plus basse, et en inscrivant ensuite leur moyenne.

Une température modérée, plutôt froide que chaude, est donc la meilleure pour un nivellement de précision et les études faites pendant les mois de février, mars, avril et mai, offrent le plus d'avantages, non-seulement pour le nivellement, mais encore eu égard au développement des récoltes pendant ces mois et au dépouillement des arbres et arbustes ; circonstances bien importantes pour la rapidité des opérations.

62. Soins à donner aux instruments. — Terminons cette partie du chapitre par quelques mots sur les soins dont les instruments doivent être l'objet ; il serait la plupart du temps impossible d'y faire faire des réparations en campagne, aussi doit-on apporter la plus grande prudence dans leur maniement.

Dès que l'on ne se sert plus du niveau, même pour une halte

momentanée, de quelque durée cependant, on doit le remettre dans la boîte et ne confier le soin de le porter qu'à un ouvrier prudent et dont on est sûr ; il ne faut pas hésiter à se charger soi-même des parties les plus délicates, soit la lunette, soit la bulle, soit toutes les deux à la fois.

Les parties des pièces en contact doivent toujours être maintenues en grand état de propreté et tous les jours il faut les passer en revue. Ces pièces frottent généralement cuivre contre cuivre, et il est bon de les enduire d'une couche très-mince d'huile épurée.

Les verres de la lunette se nettoient avec une peau de gant, ou un linge fin, imbibé au besoin d'un peu d'eau-de-vie.

Il arrive souvent que les fils se rompent ; leur remplacement est facile avec les repères que portent toujours les réticules ; la boîte doit toujours être munie de cire et de fils de soies, vendus pour cet usage ; à défaut, l'on se procure des fils d'araignée.

Il faut aussi apporter une grande attention aux différentes vis, dont le jeu doit être à la fois libre et stable.

§ 4. Nivellement du profil en long.

63. Quoique toutes les opérations de l'étude aient une importance capitale, l'on conçoit cependant qu'après le tracé des alignements, le nivellement exact de leurs points de passage offre un intérêt majeur.

Les nivellements de reconnaissance ne sont souvent effectués que sur des points sans attache avec la suite du tracé, à des intervalles plus ou moins rapprochés et la plupart du temps éloignés de repères fixes ; ils ne sont pas tous, par suite, rapportés au même plan de comparaison et ne donnent que des *différences de niveau*.

Le nivellement du profil en long vient combler cette lacune et donner une appréciation exacte sur les pentes et rampes que pourra supporter le tracé, et sur les terrassements.

Dans la méthode que nous avons suivie, et que nous croyons

la plus expéditive, l'axe de la ligne est maintenant tracé ; les ondulations du sol sont repérées par des piquets, placés généralement de cent mètres en cent mètres, et qui donnent, en même temps que le kilométrage, un ensemble suffisant du relief du terrain (sauf, bien entendu, à en placer d'intermédiaire, là où les accidents du sol le demandent).

Il reste donc à calculer la hauteur de ces divers points au-dessus d'un même plan de comparaison pour permettre de figurer, par un tracé continu, la configuration de la ligne entre les points extrêmes ; c'est l'objet du nivellement du profil en long.

64. Personnel. — Une brigade de nivellement doit se composer :

D'un opérateur, d'un lecteur, de deux porte-mires et d'un auxiliaire.

L'opérateur ne doit laisser à personne le soin de mettre l'instrument en station, ou du moins il doit toujours s'assurer, avant de donner le coup de niveau, que celui-ci est bien réglé dans toutes ses parties. C'est aussi à lui à prendre les renseignements de diverses natures dont nous parlerons plus loin.

Le lecteur a pour mission de contrôler les lectures faites par l'opérateur et les opérations relatives au calcul des cotes définitives, opérations que l'on doit toujours faire sur place. A cet effet, il est muni d'un carnet semblable à celui de l'opérateur, il fait tous ses calculs à part et n'en annonce que le résultat définitif.

Quelquefois l'on emploie deux opérateurs ayant chacun leur instrument, lisant sur la même mire, et se donnant à chaque station le résultat de leur travail ; ce procédé offre peut-être un peu plus de garanties, mais il est plus dispendieux ; et, nous appuyant sur le mode d'opérer de M. Bourdaloue, nous croyons pouvoir affirmer qu'avec un seul opérateur, en apportant par exemple, un grand soin au choix du lecteur, qui sera un second opérateur si l'on veut, l'on arrivera à un résultat aussi exact.

Ce dernier mode d'opérer présente encore l'avantage de permettre d'avoir constamment l'œil sur la bulle pendant la lecture et de n'effectuer par suite celle-ci que quand la bulle est bien entre ses repères.

Avantages de deux mires. — Nous avons parlé de deux porte-mires.

Les avantages de ce système sont nombreux, au double point de vue de la célérité et de la précision des opérations.

En effet, pendant le voyage du porte-mire d'un piquet sur l'autre, les influences atmosphériques peuvent agir sur le système de la bulle et de la lunette et donner lieu à des erreurs ; avec deux mires, au contraire, l'intervalle entre le coup avant et le coup arrière est beaucoup plus restreint, les horizontales du niveau ont par conséquent bien moins de chances d'être déplacées. Lors même qu'une variation serait constatée, la mire arrière étant toujours en place, il ne faudrait que peu de temps pour rétablir les cotes.

Au point de vue de la célérité, l'on comprendra aisément que le choix de la station est beaucoup plus rapide entre deux points, lorsque l'on voit exactement leur position, et même grosso modo, avec un peu d'habitude, leur différence de niveau.

65. — Une précaution à prendre lorsque l'on a deux mires consiste à donner d'abord un seul coup arrière et avant, à effectuer ensuite les retournements et à donner deux nouveaux coups. Le temps pendant lequel le système reste sujet à se déranger est, par suite, plus restreint.

66. Egalité des stations. — Nous avons déjà parlé de l'égalité des stations ; nous revenons sur ce point, très-important dans un nivellement de précision.

Il peut se faire que les deux points extrêmes du profil soient en pente ou rampes presque continues de l'un vers l'autre ; le désir d'accélérer le travail engagera à éviter des stations intermédiaires entre deux piquets, et la plupart du temps, l'on se placera à des distances souvent très-inégales des points à niveler.

Il ne faut cependant pas oublier que les erreurs dues à des inégalités de distance sont multiples, et que leur somme, si elles se répétaient fréquemment, comme dans le cas dont nous parlons, pourrait altérer d'une manière notable le nivellement.

Il faudra donc avoir soin de compenser, autant que possible ces inégalités, en se rapprochant du coup avant, pendant une certaine période, si pendant une période précédente l'on s'est trouvé forcément plus près des coups arrière.

67.— Si le terrain dans lequel on opère est très-accidenté, l'égalité elle-même des stations ne suffirait pas à compenser les erreurs dues à la réfraction. L'on comprend aisément que la cause d'erreur ne peut être la même dans le premier mètre qu'à une hauteur de trois à quatre mètres, où tombe ordinairement le rayon visuel dans l'un des coups de niveau.

Aussi un nivellement sera-t-il toujours plus exact dans un terrain peu accidenté que dans un pays tourmenté.

Le seul moyen d'éviter cette cause d'erreur, c'est de choisir les heures du jour où la température est la plus stable : le matin de 8^h à 11^h, et l'après-midi de 3 à 7^h.

68. Carnet de nivellement. — La disposition suivante du carnet de nivellement est très-commode et permet d'inscrire tous les renseignements nécessaires. Il faut que le carnet soit très-portatif et puisse être mis facilement dans la poche après chaque station, aussi engageons-nous à ne lui donner que des dimensions restreintes, environ 0^m 15 sur 0^m 10.

Tout doit être écrit à l'encre sur les carnets.

PAGE DE GAUCHE. | | | | | | | PAGE DE DROITE.

Désignation des points nivelés.	COTES ARRIÈRE		COTES AVANT		DIFFÉRENCES		Ordonnées définitives.	CROQUIS ET DIMENSIONS des ouvrages. RENSEIGNEMENTS DIVERS.	Désignation des terrains et de leur valeur.	Nature des terrassements.
	lues	totales	lues	totales	+	—				
0′000	0,182 0,184	0,566					140,604		Labour à 5,000 fr. l'hectare	Terre franche 0,80 schiste en dessous.
0′100	0,683 0,682	1,565	1,252 1,255	2,465		2,099	138.505			
0′125 ruisseau de Roucamps (bord)			1,524 1,324	2,648		1,283	137,222	Le chemin de la Ferrière traverse ce ruisseau avec un aqueduc de 2ᵐ00 d'ouverture en plein cintre, et de 2ᵐ00 de pieds droits.		
0′200	1,822 1,822	3,644	0,498 0,499	0,997	0,568		138.873			
0′255 Chemin rural de La Lozère			0,255 0,255	0,466	3,178		142,051	Ce chemin a une pente de 0,02 sur la droite du tracé et 0,01 sur la gauche.		
0′300			0,645 0,644	1,289	2,355		141,228			

Le calcul des cotes précédentes s'explique facilement. Nous avons d'abord supposé, comme c'est l'habitude, un plan de comparaison inférieur (ici le niveau moyen de la mer). Les cotes vis-à-vis desquelles on n'a pas inscrit de coup arrière, indiquent qu'elles ont été prises de la même station qui a servi à déterminer le coup avant sur un piquet hectométrique; quant à celui-ci, on pourrait prendre sa différence, soit sur le coup arrière, soit sur le coup intermédiaire, mais comme ceux-ci demandent moins de précision (on peut n'y donner qu'un coup) il est plus prudent de les laisser isolés et de faire la comparaison des points hectométriques entre eux, du moins chaque fois que le terrain le permet.

69. — On ne saurait trop s'entourer de précautions dans un nivellement; au moment où l'on se croit le plus sûr de son opération, une erreur peut se glisser.

Aussi, quoique la méthode des retournements permette de niveler avec un instrument non rectifié, à égalité de station, il est cependant nécessaire de ne point s'en servir ; l'instrument doit toujours être bien centré dans toutes les parties du système, car l'on peut se tromper dans le numéro d'ordre des retournements, et de plus, l'on a souvent à prendre des cotes intermédiaires sur des points à très-inégales distances de la station.

70. — A chaque calcul de différence, il ne faut jamais oublier de vérifier le résultat trouvé avec la pente du terrain. L'on aura ainsi un contrôle efficace contre les erreurs de lecture de *mètres*, qui sont les plus fréquentes.

La vérification des cotes définitives ou ordonnées, doit aussi se faire tous les soirs. On peut y procéder par comparaison entre la somme des coups avants et des coups arrières, ou bien encore, après avoir vérifié le calcul des différences en + et en —, en faire la somme, retrancher la plus forte de la plus faible, et suivant le signe, ajouter ou retrancher à la cote de départ ; on doit retrouver la cote d'arrivée.

71. Passage des obstacles. — Si des obstacles sérieux se présentent sur le tracé : passage de ravins profonds, coupure de hauts contreforts, etc...., il ne faut pas hésiter à les tourner par le chemin le plus facile pour le nivellement, sans s'inquiéter de la ligne ; puis, une fois le nivellement repéré bien exactement de l'autre côté de l'obstacle, on vient vider celui-ci ; si l'on y commet quelques erreurs, presque inévitables dans un terrain en pentes très-fortes, elles seront du moins localisées et n'entacheront pas la suite du nivellement.

Pour niveler rapidement les obstacles dont nous parlons, l'on peut disposer ses mires de façon à pouvoir les boulonner l'une sur l'autre, ce qui leur donne ainsi une hauteur d'environ 7^m00. Si elles n'étaient pas disposées à cet effet, l'on pourrait se munir d'une règle en bois que l'on graduerait sur les 50 derniers centimètres ; une fois cette règle fixée sur la mire à la hauteur fixe que l'on désire, l'on fait marcher le porte-mire jusqu'à ce que le rayon de visée tombe dans les divisions, on obtient ainsi une cote lue parfaitement suffisante lorsque le nivellement général est repéré. Nous avons vu des nivellements de près d'un kilomètre effectués ainsi dans des terrains très-accidentés, se fermer à 0^m01 ou 0^m015; mais une erreur même de quelques centimètres, pourrait être acceptée.

72. Erreurs dues aux porte-mires. — Quelques précautions que l'on apporte au centrage de l'instrument et aux lectures, il est encore des erreurs dont il faut se méfier ; celles-ci sont dues aux porte-mires ; aussi doit-on choisir ces hommes parmi des ouvriers faits et sérieux. Le porte-mire a souvent besoin de rester longtemps en station ; de là une relâche apportée dans la verticalité de la mire et à la position sur le piquet, à laquelle un jeune homme sera plus enclin qu'un autre.

Nous avons dit au chapitre piquetage, que les piquets

sortaient d'environ 0ᵐ 10 de terre ; la meilleure méthode consiste à faire placer la mire sur la tête de ces piquets ; mais dans ce cas, il faut veiller à ce que les porte-mires ne se placent pas tantôt sur la tête, tantôt au pied du piquet.

Pour les points intermédiaires qui ne sont pas repérés, il faut se munir soit d'une petite planchette, soit d'une fiche en fer, que l'on place sous la mire en ces points.

Avant de quitter le travail chaque jour, l'on ne doit jamais oublier de prendre un repère sur un point dont on ne craigne pas le changement ; il est préférable de le prendre ailleurs que sur un des piquets de nivellement. Ces derniers peuvent se trouver arrachés ou déplacés. L'on doit, le lendemain, faire attention à ce que le porte-mire se place bien au même point, sur le repère de la veille.

73. Position du corps et conformation de l'œil de l'opérateur. — La position du corps pendant les lectures n'est pas sans importance.

Il ressort de diverses expériences que le meilleur mode à suivre consiste à se tenir face au niveau, les jambes écartées et ployées suffisamment pour amener l'œil à l'oculaire.

Mentionnons pour mémoire un fait observé quelquefois et qui consiste dans la tendance de certains opérateurs, par suite de la conformation de l'œil à voir la mire constamment trop haute ou trop basse ; s'il en était ainsi, l'on comprend qu'il serait difficile à deux opérateurs de s'accorder, en admettant une inégalité de station.

Pour s'assurer de ce défaut, il suffit de faire fixer par un autre le fil horizontal sur un point éloigné et bien visible ; puis on regarde soi-même, en penchant alternativement la tête de droite à gauche de façon que la ligne des yeux soit à chaque fois verticale. Si l'on constate un déplacement du fil dans ces deux observations, l'erreur que la vue fait commettre sera la moitié de ce déplacement.

Mais ce cas se présente rarement.

74. — Terminons ce chapitre par quelques mots sur le degré de précision auquel on peut arriver dans un nivellement de profil en long fait avec tout le soin voulu.

Les erreurs, comme nous l'avons fait ressortir, sont multiples et peuvent se diviser en deux classes :

Les unes matérielles, dues à de fausses lectures, à un déplacement du porte-mire pendant la station, à des erreurs de calculs, enfin à une trop grande précipitation dans le coup de niveau, sans bien s'assurer qu'à chaque fois la bulle est entre ses repères. Si l'on a opéré avec toute l'attention désirable, avec un bon lecteur et des porte-mires bien choisis, ces diverses causes d'erreurs doivent être écartées ;

Les autres, plus petites, mais dont l'ensemble et surtout l'addition, peut cependant entacher le nivellement d'une manière sensible.

De ce nombre, sont les erreurs dues à la réfraction, dans les terrains tourmentés ; les différences instrumentales par suite d'inégalité des stations, parmi lesquelles il faut encore classer celles dues à la différence de tirage du réticule, si les distances aux deux points nivelés sont trop disproportionnées : enfin, une plus grande incertitude dans la lecture à longues distances.

C'est à l'opérateur à combattre ces causes d'altération du nivellement ; non pas surtout en cherchant à les faire disparaître complétement, ce qui demanderait souvent un temps hors de proportion avec celui dont on dispose pour l'opération, mais en s'ingéniant à les compenser.

Le relief des lignes à niveler vient du reste presque toujours en aide, et il est bien rare que l'on n'ait pas autant d'occasions d'être plus rapproché de l'une et l'autre mire.

M. Bourdaloue est arrivé dans ses nivellements, à une moyenne d'erreur d'environ $0^m 015$ par 50 kilomètres.

Sans prétendre à cette exactitude, que le hasard donnera cependant quelquefois, nous pensons que l'on peut répondre d'un nivellement de précision, avec les instruments que nous possédons et le temps que nous pouvons y consacrer, à 0,04 à 0,05 près, pour la même longueur, citée plus haut.

Mais, n'oublions pas, que pour opérer sûrement, il faut marcher avec contrôle, et il serait téméraire d'assurer exact un nivellement de longue haleine que l'on aurait fait seul, quelque soin qu'on y eut apporté.

Il n'y a pas deux manières de niveler exactement, les petites erreurs se compensent presque toujours, les grosses seules, sont à craindre, et l'on ne peut s'en affranchir que par un contrôle sérieux des lecteurs.

§ 5. — 75. Nivellements des Détails. —En dehors du nivellement du profil en long de la ligne, il est encore besoin pour la rédaction du projet d'un grand nombre de cotes de détail. Les principales ont pour but de faire connaître la pente transversale du terrain à chaque piquet du profil en long ; ce sont les *profils en travers*.

Ce travail n'offre rien de particulier ; l'on pourra presque toujours prendre de la même station qui sert à déterminer le nivellement en long, les points nécessaires aux nivellements en travers.

L'opérateur doit être muni d'un carnet spécial sur lequel il inscrit toutes les cotes fournies par ces nivellements.

Ces profils ne demandent pas un degré de précision égal au profil en long ; leur but n'étant que de fournir des données pour le calcul des terrassements, qui comporte déjà lui-même une limite assez étendue d'erreurs, on peut au besoin les faire au niveau d'eau, en en chargeant un agent moins exercé.

76. Profils en travers. — A moins d'opérer dans des terrains très-tourmentés, et à pentes très-fortes dans le sens transversal, on peut se passer de lever ces profils.

Il ne faut pas perdre de vue que les projets que nous sommes chargés d'étudier n'ont pour but que d'établir un aperçu aussi exact que possible de la dépense d'établissement devant servir de base à l'adjudication et aux subventions à accorder, eu égard au rendement probable.

On peut donc se donner une limite d'erreur pour le calcul des terrassements ; le tableau suivant fait connaître les différentes conditions où l'on pourra, avec une erreur ne dépassant pas 10 %, calculer les terrassements en supposant le terrain horizontal de chaque côté de l'axe. Nous reviendrons, lors de la rédaction du projet, sur ce sujet.

DÉBLAIS		REMBLAIS.	
Pente transversale du terrain.	Cote minimum sur l'axe.	Pente transversale du terrain.	Cote minimum sur l'axe.
0,05	0,05	0,05	0,05
0,10	0,20	0,10	0,25
0,15	0,50	0,15	0,80
0,20	1,05	0,17	1,30
0,25	1,70	0,19	2,40
0,25	2,30	0,20	4,00
0,27	3,40	0,205	6,20
0,28	4,25	0,21	19,60
0,29	5,60		
0,30	8,10		
0,31	15,00		

L'on comprend aisément que l'écart du résultat obtenu, en supposant le terrain transversalement horizontal, sur celui donné par le calcul des profils en travers, augmente lorsque la pente du terrain devient elle-même de plus en plus forte et diminue lorsque la cote sur l'axe augmente.

Le tableau précédent limite les pentes transversales à 0,31 pour les déblais, et 0,21 pour les remblais, après lesquelles on ne pourrait plus, sans commettre une erreur de plus de $\frac{1}{10}$, supposer le terrain horizontal. Mais ces pentes sont rares, et la plupart du temps l'on sera dans la limite du tableau.

77. Chemins et cours d'eau traversés. — Parmi les autres cotes de détail dont on a besoin, il faut encore signaler les bords et fonds des cours d'eau, les axes des chemins traversés, leurs pentes transversales, données indispensables pour calculer les ouvrages à y établir. Le carnet du profil en long permet, comme on l'a vu, d'inscrire ces renseignements.

La pente tranversale des chemins est utile dans le cas où il serait nécessaire de les dévier; pour un avant-projet, avec un peu d'habitude, l'on peut se contenter d'un aperçu pris à l'œil.

Quant aux chaînages que nécessitent ces nivellements, ainsi que pour les profils en travers, ils peuvent se faire au *pas*. Après avoir bien dressé le porte-mire à cet exercice, l'on peut arriver à une approximation de 0^m 50 sur une trentaine de mètres, chiffre parfaitement suffisant.

78. Repères Bourdaloue. — Il est toujours avantageux de pouvoir repérer un nivellement de profil en long d'un tracé au niveau de la mer. Il peut se faire que l'on soit à certaines distances d'un repère Bourdaloue. L'on sait que sous cette dénomination on désigne un certain nombre de points fixes, placés sur les lignes d'opération du nivellement général de la France. Ces repères, dont nous donnons un modèle ci-contre (fig. 24), sont placés généralement : sur les routes, dans les parapets des ponts; dans les villes : sur le soubassement d'édifices dont on n'ait pas à craindre la modification d'ici longtemps.

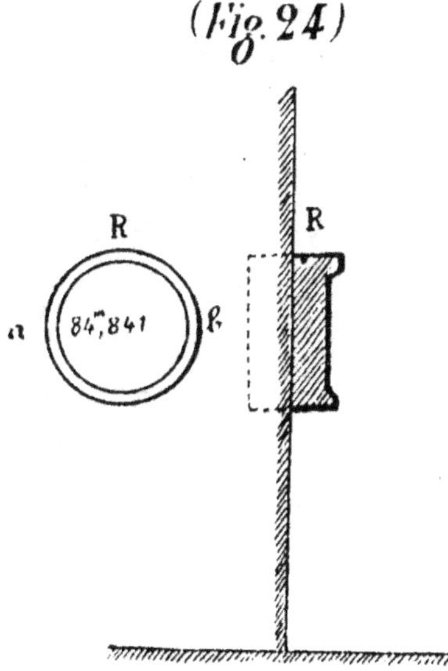

Dans le nivellement du repère à l'origine du tracé, on doit apporter évidemment autant de soins que dans celui du tracé lui-même.

La mire se place sur le repère au point marqué par un R, et l'on inscrit comme cote de départ celle gravée dans la fonte sur la face $a\,b$.

CHAPITRE IX.

RENSEIGNEMENTS DIVERS.

79. — Les points principaux indispensables à cette nouvelle étude peuvent se classer comme suit :

Profil en long ; profils en travers ; nivellements sur les chemins et cours d'eau traversés ; indication des ouvrages nécessaires à ces chemins ou cours d'eau ; nature des terrains au point de vue des terrassements et de l'acquisition ; appréciation sur les indemnités diverses supplémentaires qu'il pourrait y avoir lieu d'allouer à quelques propriétaires pour passage dans des jardins, parcs, etc., démolition de constructions ou passage trop rapproché ; renseignements sur les ressources du pays en matériaux et main-d'œuvre et sur les carrières qui pourraient être utilisées pendant la construction ; enfin étude succincte sur la nature et la quotité du commerce des localités traversées.

La plupart de ces divers points ne demandent pas de développements et leur simple énoncé suffit pour indiquer la marche à suivre ; nous croyons cependant utile d'appeler l'attention sur les ouvrages à construire soit pour les chemins, soit pour les cours d'eau.

80. — Il serait trop dispendieux d'établir un passage, viaduc, pont ou passage à niveau, à chaque voie de communication que l'on coupe ; beaucoup d'entre elles devront être interceptées ou déviées aux passages précédents ou suivants.

L'on comprend l'importance de se fixer, sur le terrain même, à cet égard. L'on doit surtout s'inspirer : de la circulation sur la voie considérée, et des difficultés que pourrait rencontrer une déviation, s'il était nécessaire de conserver le passage.

Lorsque le tracé n'exige pas le passage d'un chemin, en dessus ou en dessous, il y a généralement peu à s'occuper de la ligne par rapport au chemin ; il est presque toujours possible de le relever ou de l'abaisser, au besoin de le dévier un peu latéralement, (les nivellements transversaux l'indiquent) de façon à amener sa cote sur l'axe à une altitude suffisante.

Dans le cas, au contraire, où par suite de l'obligation d'une pente ou rampe continue, ou de tout autre motif, l'on saurait être obligé de construire un viaduc ou un pont, il est bon alors de rechercher sur le terrain le point le plus favorable à l'établissement de l'ouvrage, et d'en faire dépendre au besoin un alignement intermédiaire.

Quant aux ouvrages à établir sur les cours d'eau, le meilleur procédé consiste à prendre les débouchés de ceux établis dans les environs du passage, en ne craignant pas toutefois d'en augmenter un peu le débouché dans le chiffre que l'on adopte, car il ne faut pas perdre de vue qu'une ligne ferrée franchissant une vallée, l'obstrue d'une façon plus complète qu'un chemin ordinaire, qui très-souvent ne présente que peu de hauteur de remblai et peut, dans un moment de crues exceptionnelles, permettre encore un passage aux eaux.

81. — La nature des déblais peut se résumer en quatre catégories :

1° *Terre franche* ; 2° *Terre forte (argile, rocaille, tuf)* ;
3° *Rocher à la pince et à la barre* ; 4° *Rocher à la mine.*

Pour établir avec une exactitude suffisante pour un projet, ces diverses classes de terrassement, il suffit pour les deux premières de se renseigner près des fermiers des terrains traversés, ces derniers, en effet, ont tous dans leurs travaux d'agriculture, été appelés à vérifier la nature du sous-sol, souvent à d'assez grandes profondeurs.

Pour les deux dernières classes, des observations multiples. et attentives sur les déblais des chemins traversés, sur les puits creusés dans les environs, feront connaître à peu de chose près, la marche des couches de rocher, et l'on pourra en déterminer approximativement la profondeur. L'on sera toujours certainement assez loin d'une vérité absolue, mais des sondages nombreux et couteux pourraient seuls donner une appréciation exacte. En tenant compte de ce que le but du projet est de présenter un ensemble de dépenses maximum, et en forçant par suite toujours un peu les chiffres donnés par les renseignements, dans le sens de l'élévation des dépenses, on arrivera à une moyenne assez rigoureuse pour ne pas exposer à des changements trop notables, surtout en augmentation, lors de l'exécution.

82. — La valeur des terrains à acquérir s'obtiendra facilement avec les renseignements du pays.

On peut les diviser en quatre classes.

1° *Jardins et vergers :* 2° *prairies et herbages*; 3° *terres labourables* ; 4° *landes et terres incultes.*

Les indemnités exceptionnelles doivent faire l'objet d'une appréciation aussi exacte que possible, plutôt forte que faible, sans exagération cependant, le détail estimatif, ajoutant toujours à l'ensemble des dépenses pour acquisitions de terrains une certaine somme pour dépréciation, en dehors de celles dont nous parlons.

83. — Tous les renseignements dont nous venons de parler doivent être inscrits à l'encre sur les carnets de nivellement, c'est le meilleur mode de les condenser et de les obtenir rapidement. Le nivellement laisse à l'opérateur une certaine latitude pendant le transport de l'instrument d'une station à une

autre et sa mise en place par le lecteur, il lui est donc facile
d'inscrire pendant ce temps tous ces détails, qui ne demandent du reste que peu de minutes.

84. — Les indications suivantes sont plus générales et doivent faire l'objet d'un résumé spécial.

L'on comprend l'importance, au point de vue de la construction de la ligne, des gisements qui peuvent l'avoisiner. Les carrières de granit, de moëllons, les exploitations de bois, les briqueteries, les fours à chaux, les ardoisières, etc..., en un mot tout ce qui entre dans l'établissement et l'entretien de la voie doit être apprécié, visité et annoté.

Il ne faut jamais non plus négliger de se renseigner sur les prix du pays pour les différentes mains-d'œuvre, terrassements, maçonneries, charpentes, etc....

Ces renseignements peuvent être précieux et en tous cas ne sont jamais inutiles.

85. — Une dernière considération, pour ne rien négliger, consiste enfin à s'instruire du commerce de chaque localité desservie ou avoisinante. Bien que ce point soit un peu en dehors du programme qui nous est confié, l'on se trouve toujours bien d'une plus ample provision de renseignements et de détails.

Ce travail peut, du reste, se faire facilement aux moments perdus ; quelques instants de conversation avec les principaux commerçants, avec les fonctionnaires qui peuvent habiter le pays, mettent bien vite au courant de ses ressources, de ses besoins et de l'avenir qu'il peut réserver à l'exploitation.

DEUXIÈME PARTIE

RÉDACTION

DU PROJET.

RÉDACTION DU PROJET.

85.—Les pièces dont se compose ordinairement le dossier d'un avant-projet de chemin de fer peuvent être classées comme suit :

Plan, Profil en long, Devis descriptif, Tableau des ouvrages d'art, Détail estimatif, Mémoire descriptif, Note sur le trafic probable.

CHAPITRE I.

PLAN ET PROFIL EN LONG.

86. — 1° Plan. — Les plans que l'on produit sont généralement à l'échelle de $\frac{1}{10000}$; ils doivent présenter, outre le kilométrage de la ligne, les alignements, les courbes, (ces dernières avec toutes les indications de leurs principaux éléments tangentes, arcs, rayons et angle s des alignements), les renseignemeuts relatifs aux ouvrages d'art, passages, déviations de chemins ou cours d'eau, stations et haltes.

La planche (II) montre du reste un spécimen des indications à porter sur le plan. On y ajoute quelquefois, comme nous l'avons fait, les remblais et déblais; les premiers teintés en rouge, les seconds en jaune.

Il arrive souvent que certains détails du plan ne coïncident pas avec le chaînage (nous avons déjà indiqué le degré de précision que l'on peut accorder au $\frac{1}{10000}$). Dans ce cas, le meilleur procédé pour faire coïncider la lecture du plan et du profil consiste à retrécir ou allonger les hectomètres dans la partie inexacte, de façon à rattaper cette différence. Ce mode de procéder vaut mieux qu'un changement des dessins du plan pour amener tel ou tel ouvrage au point kilométrique du profil en long ; car cette seconde manière d'opérer dévie les chemins ou cours d'eau de leur direction générale et serait pleine d'ennuis pour ceux qui pourraient avoir à se servir plus tard d'une copie de ces plans.

Il est bon, lorsque l'on commence la copie du plan, d'orienter la ligne avec le papier, de façon à faire le moins de soufflets possible, ces derniers sont toujours incommodes et nuisent à l'ensemble du dessin.

Pour les avant-projets, on peut remplacer le plan, pièce assez longue à préparer, par une carte, soit cantonale, soit d'état-major, sur laquelle on met seulement les détails principaux, tels que stations, points de raccordement, etc.

87. — 2° Profil en long. — Le profil en long minute doit se rapporter autant que possible sur les lieux et l'on doit y mettre à ce moment toutes les indications relatives aux chemins, ouvrages, etc.... L'on peut ainsi, sans nouveaux déplacements, rectifier les parties du tracé qui sembleraient défectueuses et éviter, au moment où la mémoire des lieux est fraîche, la confusion qui pourrait se produire plus tard.

La planche (III) donne une portion de profil en long, tel qu'on les dresse généralement.

La disposition qui y est adoptée est très-claire et en permet facilement la lecture.

On ne saurait apporter trop de soins à l'exactitude du

rapport des ordonnées ; la ligne rouge se traçant en effet avec des ordonnées calculées et rapportées en dehors de celles du terrain, l'on comprend que des inexactitudes dans les hauteurs des ordonnées du terrain, pourraient conduire à des résultats en désaccord avec les cotes rouges ; là où le calcul indiquerait un remblai, le dessin pourrait montrer un déblai, et vice-versa.

Les dispositions de la planche (III) se comprennent d'elles-mêmes et n'ont pas besoin d'explications.

L'échelle des longueurs 0,0001 par mètre et celle des hauteurs 0,001 par mètre, c'est-à-dire dix fois plus, sont celles généralement adoptées ; elles présentent toute facilité pour le rapport.

88. Tracé de la ligne rouge. — Nous allons donner quelques indications générales touchant le tracé de la ligne rouge.

La première considération qui doit guider dans ce travail est la réduction, au minimum, des terrassements ; on doit donc appliquer la déclivité maximum accordée par le programme chaque fois que le terrain présente un obstacle sérieux.

Il est bon de raccorder les deux extrémités d'une forte déclivité, ou de deux déclivités de sens contraires, par des pentes ou rampes moins prononcées, environ la moitié des premières, sur une longueur suffisante pour permettre aux trains de se développer sur chaque déclivité sans passer brusquement d'un palier ou d'une pente ou rampe faible sur une autre beaucoup plus considérable.

L'on doit aussi éviter, à moins d'obligations majeures, de placer des pentes ou rampes de 0,02 et au-dessus, dans les courbes de 300^m de rayon et au-dessous, on doit même n'y employer 0^{m}015 que lorsque cette déclivité est indispensable pour éviter des terrassements supérieurs au chiffre que l'on tient à ne pas dépasser par mètre courant. Nous devons ajouter cependant que dans des projets que nous avons vus, la rampe de 0,02 était acceptée comme courante dans toutes les parties du tracé, même en courbe de 250^m; mais ces projets présentaient des difficultés spéciales. Nous croyons qu'au point de vue de l'exploitation, il y a avantage à se servir le moins possible de ces fortes déclivités dans les courbes, et que l'on compensera largement dans l'avenir, par une moindre usure du matériel, du combustible et de la voie elle-même, la dépense qu'occasionnerait une tranchée supérieure ou un allongement de parcours.

Sur l'emplacement prévu pour les gares ou stations l'on doit ménager, comme nous l'avons déjà dit, un palier d'au moins 500 mètres de longueur entre l'emplacement prévu des aiguilles extrêmes ; cette distance n'est que suffisante pour permettre aux trains d'arriver et de sortir facilement de la gare et d'y faire leurs manœuvres.

Pour une halte, un palier de 300^m suffit en général.

Pour une ligne tout à fait secondaire, l'on se contente souvent d'un palier de 400 mètres. Cette zone doit compendre une partie en déblais, pour permettre d'asseoir solidement les édifices à construire.

Une autre considération consiste à chercher à compenser autant que possible les terrassements ; c'est-à-dire à faire en sorte que le cube des déblais égale le cube des remblais dans une zone admissible pour les transports. Ce dernier point est du reste à étudier sur la ligne rouge même ; il peut arriver que l'on ait avantage à faire des *emprunts* ou des *dépôts* sur certains points, plutôt que d'y porter à grandes distances des terres en excès, ou d'abaisser la ligne de manière à augmenter le cube des déblais aux abords du remblai considéré.

Il faut donc envisager, au point où un remblai important se présente et n'est pas comblé par une première ligne rouge (en admettant que l'on puisse baisser la ligne aux abords sans nuire au reste du tracé), si le coût du transport du déblai que l'on se procure n'excède pas l'achat de terrain et le transport d'un emprunt à proximité, les conditions de fouilles étant les mêmes.

Un dernier point à considérer pour le tracé de la ligne rouge, naît des conditions des passages à conserver ou à créer pour la traversée des voies de communication. Nous nous sommes déjà expliqué à ce sujet au n° 79 du chapitre IX.

CHAPITRE II.

DEVIS DESCRIPTIF.

89. — Nous allons donner ici, pour la partie de tracé des planches (II et III) les principaux paragraphes que doit contenir un devis descriptif. Tout ce qui concerne l'établissement de la ligne s'y trouve relaté ; c'est pour ainsi dire une condensation du plan et du profil, pouvant suppléer au besoin à ces derniers en ce qui concerne l'établissement de la plateforme, quelques paragraphes concernent la construction même de la ligne ; nous avons cru bon cependant de les transcrire.

CHAPITRE 1er.

CONDITIONS D'ÉTABLISSEMENT DU CHEMIN DE FER.

§ 1er. Points de passage.

90. — (Indiquer ici les principaux points de passage de la ligne, les vallées suivies, les lignes de faîtes suivies ou coupées, les points de jonction avec d'autres tracés, les localités desservies, etc.....)

§ 2. Tracé de l'axe du chemin de fer.

91. — L'axe du chemin de fer présentera en plan les alignements et courbes de raccordement indiqués au tableau ci-après.

Désignation des alignements et des Courbes.	LONGUEURS		Rayon des Courbes.	Angle des alignements adjacents.	Longueur des tangentes.
	des alignements.	des courbes.			
de 0ᵏ000 à 0ᵏ180	180,„	„	„	„	„
de 0ᵏ180 à 0ᵏ577,92	„	397,92	300	104° „„	234,39
de 0ᵏ577,92 à 1ᵏ072,14	494,22	„	„	„	„
de 1ᵏ072 14 à 1ᵏ532,90	„	460.76	400	114° „„	259,76
de 1ᵏ532,90 à 1ᵏ904,24	371,34	„	„	„	„
de 1ᵏ904,24 à 2ᵏ017,69	„	113,45	1000	173° 30'	56,78
de 2ᵏ017,69 à 2ᵏ334,14	316,45	„	„	„	„
de 2ᵏ334,14 à 2ᵏ674,52	„	340,38	300	115° „„	201,13
de 2ᵏ674,52 à 3ᵏ026,89	352,37	„	„	„	„
Totaux. . . .	1714,38	1312,51			

RÉSUMÉ.

—

Longueur des alignements.	1k714,38
d° des courbes.	1 312,51
Total égal à la longueur du projet.	3k026, 89

§ 3.

92. — Les courbes de raccordement seront des portions d'arcs de cercle, se raccordant avec les alignements aux distances de leurs points de rencontre qui sont portées dans la dernière colonne du tableau précédent.

§ 4. Profil en long.

93. — L'axe du chemin de fer suivra les paliers, pentes et rampes qui sont indiqués dans le tableau suivant.

Désignation des Paliers, Pentes et Rampes.	Longueurs des Paliers.	PENTES			RAMPES		
		Longueurs.	Pente par mètre.	Abaissement.	Longueurs.	Rampe par mètre.	Elevations.
de 0k000 à 0k300	»	300, »	0.009	2,70	»	»	»
de 0,300 à 0,700	»	»	»	»	400, »	0,00525	2,10
de 0,700 à 0,950	»	250, »	0,014	3,50	»	»	»
de 0,950 à 1,400	450, »	»	»	»	»	»	»
de 1,400 à 2,000	»	600, »	0,01775	10,65	»	»	»
de 2,000 à 2,140	140, »	»	»	»	»	»	»
de 2,140 à 2,650	»	510, »	0,0020	10,20	»	»	»
de 2,650 à 2,750	100, »	»	»	»	»	»	»
de 2,750 à 2,900	»	»	»	1,27	450, »	0,020	3,00
de 2,900 à 3.026,89	»	126,89	0,010	»	»	»	»
Totaux	690, »	1.786,89		28,32	550, »		5,10

RÉSUMÉ.

—

Longueur des paliers. . . . . 690, »»
Longueur des pentes. 1,786,89
Longueur des rampes. . . . . 550,»»
Total égal à la longueur du projet. 3k026,89

RÉSUMÉ.

Somme des abaissements	28 32	Cote de départ .	196m 0
do des élévations .	5,10	Cote d'arrivée .	173, 38
Différence	23,22	Différence . .	23, 22

§ 5. Profil de la voie de fer.

93. — La largeur du chemin en couronne, à la surface du ballast, sera de 3m 20. La hauteur du ballast sera de 0m 40 sur l'axe.

La largeur de 3m 20 se répartira comme suit :

Accotements de 0,815 de largeur chacun. . . .	1,63
Largeur des rails (chaque ayant 0,06 de largeur).	0,12
Largeur de la voie entre les rails.	1,45
Total pareil. . . .	3,20

§ 6. Profil en travers dans les remblais.

94. — La plate-forme des terrassements établie à 0m 40 au-dessous de la surface du ballast aura 5m 00 de largeur dans les remblais ; cette largeur se répartira comme suit :

Largeur du ballast en couronne.	3,20
Talus du ballast (0,40 de chaque côté). . . .	0,80
Deux banquettes latérales de 0m50 chacune). . .	1,00
Total pareil.	5,00

§ 7. Profil en travers dans les déblais.

95. — Dans les parties en déblais, la plate-forme des terrassements aura 6m 00 de largeur, entre les pieds des talus de déblai ; cette largeur se répartira comme suit :

Largeur du ballast en couronne.	3,20
Talus du ballast	0,80
Banquettes de 0m50 de largeur, entre les pieds du talus de ballast et les fossés.	1,00
Fossés ayant 0m50 de largeur en gueule. . . .	1,00
Total pareil.	6,00

§ 8. Passage du déblai au remblai.

96. — L'élargissement de la plateforme, pour passer du déblai au remblai, ou inversement, aura lieu d'une manière continue sur 50ᵐ de longueur, moitié dans le remblai, moitié dans le déblai.

§ 9. Inclinaison des talus.

97. — En général, dans les parties en remblai, les talus seront inclinés à 1ᵐ 1/2 de base pour 1ᵐ de hauteur. Dans les parties en déblai, ils auront 1 de base pour 1 de hauteur.

§ 10. Profils exceptionnels.

98. — Partout où le terrain sera d'une nature exceptionnelle, on donnera aux talus des inclinaisons qui seront déterminées dans chaque cas particulier.

Lorsque les fossés du chemin de fer devront, en temps d'orage, débiter des quantités d'eau considérables ; la largeur indiquée ci-dessus pour les fossés sera augmentée suivant les circonstances.

CHAPITRE 2.

OUVRAGES D'ART.

§ 11. Indication des ouvrages d'art de toute nature.

99. — Les ouvrages de toute nature à construire pour

l'établisssement du chemin de fer seront au nombre de 8, savoir :

Ouvrages types pour l'écoulement des eaux . . . . . | 4
d⁰ pour le rétablissement des communications. | 4
Ouvrages exceptionnels. . . . . | »
Total pareil. . . . . | 8

12. Ouvrages pour l'écoulement des eaux.

100. — Les ouvrages à constrnire pour l'écoulement des eau xsont indiqués dans le tableau suivant.

Nota. On indique sous le nom d'aqueducs tous les ouvrages dont l'ouverture est inférieure à 4ᵐ 00, à partir de cette ouverture de 4ᵐ 00 et au-dessus, tous les ouvrages sont désignés sous le nom de viaducs.

Points kilométriq".	Désignation des cours d'eau sur lesquels les ouvrages sont placés.	Débouchés
1k000	Ruisseau de Saint-Martin-des-Besaces. .	1ᵐ 00
1 500	Egoutement du sol. . . .	0 70
2 307	d⁰	0 70
2 650	Ruisseau de la Lozère.	1 00

RÉCAPITULATION.

—

Aqueducs de 0,70 . . . . . | 2
Aqueducs de 1,00 . . . . . . | 2
Total comme ci-dessus . . | 4

§ 13. Ouvrages pour le rétablissement des communications.

101. — Les ouvrages à construire pour le rétablissement des communications sont indiqués dans le tableau ci-après.

Nota. On désigne sous le nom de viaducs tous les ouvrages, sans distinction d'ouverture, qui doivent supporter la voie de fer; ceux établis pour franchir le chemin de fer sont désignés sous le nom de ponts.

Points kilométriques.	Désignation des routes et chemins traversés.	OUVERTURES. Largeurs entre parapets.
	1° VIADUCS.	
2 k 700	Chemin rural de Pont-au-Roger aux Trois-Fontaines.	4 m 00
	2° PONTS.	
2 k 000	Chemin vicinal de grande communication de Saint-Martin au Bény.	5 m 00

3° PASSAGES A NIVEAU.		
Passage à niveau avec barrières.	1	
d° sans barrières.	1	

RÉCAPITULATION.

Viaducs	1
Ponts	1
Passages à niveau.	2
Total des ouvrages types pour les communications. . .	4

§ 14. Ouvrages exceptionnels.

102. — Néant.

Nota. On désigne sous ce nom des ouvrages dont les dimensions obligées ne concordent pas avec les types calculés, et que par suite il faut établir à part.

CHAPITRE 3.

STATIONS ET HALTES.

§ 15.

103. —Il sera établi une station, d'après les indications du tableau suivant.

Point kilométrique	Désignation de la station ou halte	Distance de la station ou halte		Observations
		à la station ou halte précédente	à l'origine du projet	
1ᵏ 000 à 1ᵏ 400	Statⁿ de St-Martin	»	1ᵏ 000	

CHAPITRE III.

NATURE ET IMPORTANCE DES OUVRAGES D'ART.

105. —Le tableau suivant est destiné, tout en classant les ouvrages d'art de toute nature, par séries et par importance, à calculer les longueurs en sus de celles des types calculés, qu'il serait nécessaire de donner aux ouvrages par suite de hauteurs de remblais dépassant celles des types.

Pour obtenir l'allongement produit par le talus de remblai à chaque ouvrage, il suffit de multiplier par 3 le chiffre obtenu dans l'avant-dernière colonne du tableau, le remblai produisant en effet sur chaque tête de l'ouvrage un allongement égal à 1 fois 1/2 sa hauteur.

8

[Les Ouvrages indiqués sont ceux du profil donné (planche III)]

N°° d'ordre des ouvrages.	Désignation et emplacement des ouvrages.	HAUTEURS		DES REMBLAIS		Longueurs en excédant sur celles des types.	OBSERVATIONS
		du sol au-dessus du lit	du sommet du type au-dessus du sol ou de la plate-forme des terrassements.	au-dessus du sol.	au-dessus des ouvrages.		
	**§ 1er Ouvrages pour l'écoulement des eaux.**						
	1° Aqueducs de 0m 70 d'ouverture						La hauteur du type calculé est de 1m 90, et sa longueur de 5m 40
1	1° 500	0,60	1,30	7,51	6,21	18,63	Quand le lit n'est pas bien déterminé, on a admis que le radier serait établi à 0m 60 au-dessous du sol.
2	2° 307	0,60	1,30	7,63	6,33	18,99	
	Longueur totale en excédant sur les types.					37,62	
	2° Aqueducs de 1m00 d'ouverture.						La hauteur du type calculé est de 2m00 et sa longueur de 5m40.
1	1° 000	0,80	1,20	7,83	6,63	19,89	Quand le lit n'est pas bien déterminé, on a admis que le radier serait établi à 0,80 au dessous du sol
2	2° 650	0,80	1,20	8,50	7,30	21,90	
	Longueur totale en excédant sur celles des types					41,79	
	**§ 2. Ouvrages pour le rétablissement des communications.**						
	1° VIADUCS.						
	Viaducs de 4m d'ouverture.						La hauteur du type calculé est de 6m00 et sa longueur de 5m 40.
1	2° 700	»	6,00	5,86	»	»	On peut abaisser le chemin
	2° PONTS.						
	Ponts de 5m entre parapets						La hauteur du type est de 5m00
2	2° 000	5"00	5,00	»	»	»	
	3° PASSAGES A NIVEAU.						
	Avec barrières.					1	
	Sans barrières					1	

CHAPITRE IV.

MÉTRÉS ET DÉTAIL ESTIMATIF.

1° Métrés. — 106. — Les métrés qu'il est nécessaire d'établir pour arriver à l'évaluation des dépenses de la ligne, comprennent les terrassements, les transports, les terrains à acquérir et les ouvrages d'art. Les autres dépenses d'établissement, telles que : stations, voie, télégraphie, etc., se chiffrent par une moyenne kilométrique, obtenue par comparaison avec d'autres lignes établies et suffisantes pour un projet

Nous allons donner quelques détails relatifs au calcul des terrassements, transports et terrains à acquérir.

Le métré des ouvrages d'art est une pièce complétement à part, et que les bornes de ce cadre ne nous permettent pas d'aborder. La nature, les prix de ces ouvrages varient du reste trop, snivant les régions, pour que l'on puisse présenter une moyenne satisfaisante.

Nous nous contenterons de donner, dans le modèle de détail estimatif, les prix que nous avons vus appliquer à différents types d'ouvrages, dans le département de la Manche.

Les prix que nous porterons également pour les moyennes kilométriques des voies, stations, etc. ont été appliqués à une étude faite récemment.

107 Calcul des terrassements et terrains à acquérir.— Le tableau suivant donne un modèle commode pour le calcul et le classement des terrassements et terrains à acquérir.

En tête du tableau nous plaçons les formules, qui, d'après les dimensions portées au devis descriptif § 5, 6, 7 et 8 pour l'établissement de la plate-forme, doivent donner les surfaces de chaque profil, en supposant remplies les conditions du tableau présenté au n° 75 § 5, chap. VIII. Inutile d'ajouter que tous nos calculs sont établis pour une voie seulement et se rapportent au profil de la planche (III).

(PAGE DE GAUCHE DU CAHIER).

Surfaces des profils $\begin{cases} \text{Remblais } S = \left(5 + \dfrac{3 \times a}{2}\right) a \\ \text{Déblais } S = (6 + a)\, a + 0.36 \end{cases}$ (*a* cote rouge sur l'axe).

N°s des profils.	Cote rouge sur l'axe.		Produits à effectuer.	Surface des profils.		longueurs auxquelles s'appliquent les profils	Cubes.		Classification des déblais.			
	Déblais.	Rembl.		Déblais.	Rembl.		Déblais.	Rembl.	Terre franche.	Terre forte.	Rocher à la pince.	Rocher à la mine.
(1)	(2)	(3)	(4)	(5)	(·)	(7)	(8)	(9)	(10)	(11)	(12)	(13)
»	»	»	»	»	»	85	»	»	»	»	»	»
2 k 100	5,73	»	$(6+5,73)\,5,73$ $+\,0,45$	67,66	»	120	8,118	»	5,118	3,000	»	»
2 k 200	2,66	»	$(6+2,66)\,2,66$ $+\,0,45$	23,49	»	66	1,550	»	1,550	»	»	»
»	»	»	»	»	»	25	»	328	»	»	»	»
2 k 250	»	1,37	$\left(5+\dfrac{3\times1,37}{2}\right)1,37$	»	9,66	34	»	8,652	»	»	»	»
2 k 300	»	7,26	$\left(5+\dfrac{3\times7,26}{3}\right)7,26$	»	115,36	75	»	146	»	»	»	»
2 k 400	»	0,42	$\left(5+\dfrac{3\times0,42}{2}\right)0,42$	»	2,36	62	»	»	»	»	»	»
»	»	»	»	»	»	50	»	»	»	»	»	»

(PAGE DE DROITE DU CAHIER).

Largeurs d'emprises {	Remblais L = 5 + 3 a					
	Déblais L = 6 + 2 a					

Largeurs des profils.		Produits. —	Classification des terrains.				OBSERVATIONS.
Déblais.	Remblais.		Jardins Vergers.	Prairies.	Labours.	Landes et terres incultes.	
(14)	(15)	(16)	(17)	(18)	(19)	(20)	
6,00	»	510$^{m^2}$	»	510	»	»	Les fossés des deux profils en déblais ont un profil exceptionnel.
17,46	»	2.095	»	2.095	»	»	
11,32	»	747	747	»	»	»	
6,» »	»	150	»	»	150	»	
»	9,11	310	»	»	310	»	
»	26,78	2.008	»	»	2.008	»	
»	6,26	388	»	»	388	»	
6,» »	»	300	»	»	300	»	

107. Observations sur les tableaux précédents.

— Nous avons donné, dans les deux tableaux qui précèdent, les calculs relatifs aux deux massifs, remblai et déblai, qui se trouvent sur le profil en long entre les points $2^k,000$ et $2^k,500$; l'on rémarquera que pour les longueurs à appliquer à chaque profil, nous avons porté la moitié de chacune des distances du profil considéré, soit aux profils voisins, soit à un profil voisin et à un *point de passage*.

Les deux tableaux donnés doivent se trouver en face l'un de l'autre sur les deux pages du cahier qui sert aux calculs ; l'on a ainsi sous les yeux tous les éléments de ces derniers.

La colonne (1) se remplit en plaçant à chaque profil son point kilométrique ;

Les colonnes (2) et (3) contiennent les cotes rouges sur l'axe, calculées sur le profil en long ;

Le n° (4) est l'application des formules placées en tête du tableau ;

Les n^{os} (5) et (6) donnent les résultats de ces formules ;

La colonne (7) donne les distances à appliquer à chaque profil, comme nous l'avons expliqué plus haut ;

Les n^{os} (8-9) sont les produits des colonnes (5) ou (6) avec (7).

Enfin les colonnes (10, 11, 12, 13) s'obtiennent en classant les résultats des cubes suivant les observations consignées au carnet de nivellement ;

Les chiffres des colonnes de la page de droite s'obtiennent :

Les deux premières (14 et 15) par les formules placées en tête ; la (16ᵉ) par le résultat de (14) ou (15) multiplié par les longueurs de la colonne (7) ;

Les dernières (17, 18, 19 et 20) à l'aide de l'avant-dernière colonne du carnet de nivellement dont le modèle a été donné.

L'on remarquera que pour les points de passage, nous avons supposé dans le calcul des emprises un profil en déblai ; ce chiffre est un peu plus fort que le chiffre exact, mais il vaut toujours mieux se tenir en dessus qu'en dessous.

108. — Lorsque la pente transversale du terrain ne permettra pas de calculer les surfaces des profils à l'aide des formules précédentes, il n'y aurait de changé aux tableaux précédents que les chiffres à porter dans la colonne (4). Dans ces cas, l'on a dû lever des profils en travers et à l'aide de ces derniers, l'on calculera les surfaces.

Lorsque les déblais se présentent en rocher compact, il n'est pas nécessaire de leur donner, comme nous l'avons supposé dans les formules, une inclinaison à 45° ou 1 de base pour 1 de hauteur ; l'on se contente généralement alors de talus inclinés à $\frac{1}{3}$ de base pour 1 de hauteur. Les formules données deviennent alors :

Surface de déblai en rocher $S = (6 + \frac{a}{3})\, a$

Largeur d'emprise en rocher $L = 6 + \frac{2a}{3}$.

109. — Les formules précédentes sont très-simples à trouver.

Soit fig. (25) un profil en déblai. Nous avons :

1° Le rectangle intérieur, dont la surface est égale à $a \times 6^m00$;

2° Les triangles, dont la surface est égale

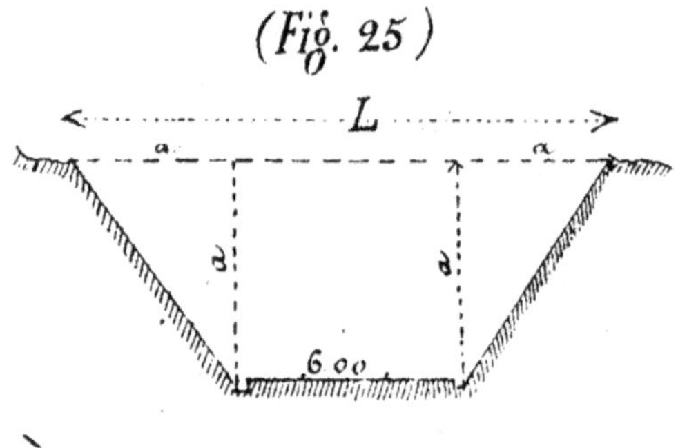

à : $2 \times a \times \frac{a}{2} = a^2$

La surface totale devient donc :

$S = a \times 6 + a^2$ ou $a\,(6 + a)$ et $L = 6 + 2a$

Quant au terme 0,36, que nous avons introduit, il provient de la surface des deux fossés, comme il est facile de s'en rendre compte par l'examen des cotes du profil type (planche 4).

Soit maintenant (fig. 26) un profil en remblai.

Le rectangle intérieur nous donne :

$$S' = a \times 5{,}00$$

et les deux triangles égaux :

$$S'' = 2 \times \frac{3\,a^2}{4}$$

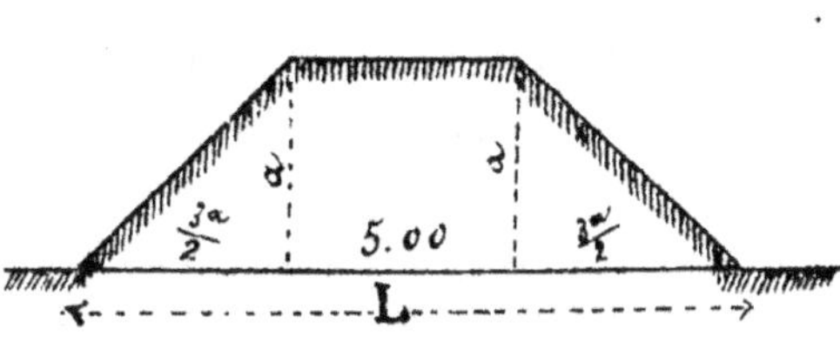

(Fig. 26)

D'où $S = a \times 5 + \dfrac{3\,a^2}{2}$ ou $S = a\left(5 + \dfrac{3\,a}{2}\right)$ et $L = 5 + 3\,a$.

110. — Les dimensions de plate-forme que nous avons données peuvent varier suivant les cas, mais il sera toujours facile d'établir les formules précédentes.

M. Lefort, ingénieur en chef des ponts et chaussées, a publié un recueil de tables donnant les surfaces de profils de diverses largeurs. Si ces dernières concordent avec celles du projet, l'on pourra calculer encore plus rapidement les terrassements avec ces tables ; elles offrent en outre l'avantage, dans le cas où l'on voudrait une approximation resserrée, de donner les résultats en tenant compte de la pente transversale du terrain à chaque profil.

111. Calcul des points de passage. — Nous avons parlé de *points de passage* du déblai au remblai ; le système que nous employons pour le calcul des terrassements nous permet de ne calculer ce passage que sur l'axe de la ligne, en appliquant la longueur trouvée à toute la surface du profil.

Rappelons le petit calcul que nécessite cette donnée :

Soit a une cote en déblai, a' une cote en remblai, L, la distance totale entre les deux profils et x la distance AB, par exemple, que l'on veut obtenir

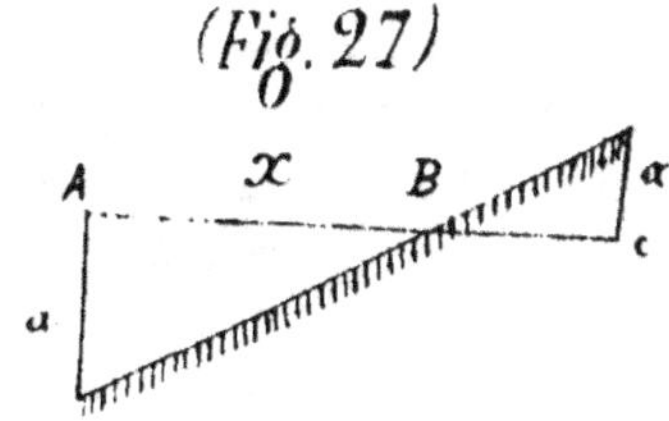

(Fig. 27)

Les deux triangles semblables nous donnent :

$$\frac{a'}{a} = \frac{x}{L-x} \text{ d'où } a'\,(L-x) = a\,x$$

$$\text{et } a'\,L = x\,(a + a')$$

$$\text{et enfin } x = \frac{a'\,L}{a + a'}.$$

Résultat facile à énoncer en langage vulgaire :

La distance d'un point de passage à un profil considéré s'obtient en multipliant la longueur totale entre les deux profils par la cote du profil considéré et en divisant le produit par la somme des cotes des deux profils.

112. Calcul des distances de transports. —
Le tableau ci-après est destiné à calculer les distances moyennes des différents genres de transports et à assurer l'établissement de tous les remblais au moyen des déblais de la ligne ou d'emprunts, si ceux-là sont insuffisants ; il indique également les déblais en excès qu'il y aurait lieu de porter en dépôt ou de réserver pour un autre usage.

113. Observations sur les transports. — Le foissonnement peut être compté à 10 % pour les terrassements des deux premières catégories, et à 20 % pour les deux autres catégories de terrains.

Quant aux différents modes de transports à accepter pour chaque massif, on peut admettre les bases suivantes :

On effectuera le transport à la brouette jusqu'à ce que les lieux d'extraction et de dépôt n'aient pas plus de 90^m de distance entre eux. Au delà de cette distance, on emploiera le tombereau, dont on se servira jusqu'à ce que le produit du cube par la distance n'excède pas 3.000.000. » Au-dessus de ce produit de 3.000.000», il y aura avantange à employer les transports avec wagons et chevaux jusqu'à ce que le produit du cube par la distance n'excède pas 30.000.000,00.

Les transports avec wagons et machines devront être exclusivement employés chaque fois que le produit du cube par la distance dépassera le chiffre dé 30.000.000.

PAGE DE GAUCHE DU CAHIER.

N° des Profils.	Cube des Déblais.	Foisonnement	Cube définitif des Déblais.	Déblais à employer dans la largeur de chaque profil	Déblais en excès		Emprunts pour Remblais.	Indication des lieux d'emploi ou de Dépôts.
					à porter en remblai sur la ligne.	à porter en dépôt ou réservés p. un a. usage		
2k 100 à 2k 200	9.668	967	1.0635	»	9.683	947	»	(Profils :) N° 1,930 N° 2k 250 à 2k 400 Rampe d'accès pour le chemin de St-Martin

PAGE DE DROITE DU CAHIER.

TRANSPORTS								Distance des Transports.
à la Brouette		au Tombereau		au Wagon avec Chevaux		au Wagon avec Machines		
Cubes.	Produits des cubes par les Distances.	Cubes.	Produits des cubes par les Distances.	Cubes.	Produits des cubes par les Distances.	Cubes.	Produits des cubes par les Distances.	
562	50.580	»	»	L	»	»	»	90
775	54.250	»	»	»	»	»	»	70
		8.331	1.749.510	»	»	»	»	210
		967	193.400	»	»	»	»	200
1.337	104.830	9.298	1.942.910	»	»	»	»	

Il reste entendu que si, dans le cours d'un tracé, l'on n'avait que quelques cubes, demandant, d'après les chiffres donnés précédemment, un mode de transport autre que celui employé sur la plus grande partie de la ligne, il faudrait se rendre compte de l'installation supplémentaire que ce nouveau genre de transports peut imposer à l'entrepreneur, et voir s'il y a là une économie à réaliser sur les prix par mètre cube, que donnerait le mode de transport déjà employé.

Un transport à la machine, par exemple, pourrait devenir plus onéreux qu'un transport au tombereau, si le cube à transporter n'était pas assez consérable pour couvrir, par la différence de prix du premier mode de transport avec le second, les frais d'achat de la machine et du matériel. Il y aurait dans ce cas avantage à conserver le transport au tombereau pour la masse ou les masses, dont le produit des cubes par les distances donnerait un résultat rentrant dans le chiffre que nous avons donné *pour le wagon.*

114. Distances moyennes de transports. — Les distances moyennes de transport sont destinées à donner, avec le prix affecté par mètre cube à chaque mode de transport, la dépense à faire de ce chef pour l'ensemble de la ligne.

Avec la disposition du tableau précédent, l'on obtiendra cette distance moyenne pour chaque cas, en divisant : *la somme des produits des cubes par les distances, par la somme des cubes*, règle du reste générale.

Soit en effet deux masses de a et a' mètres cubes à transporter l'une à une distance b, l'autre à une distance b'.

Le nombre total de mètres parcourus par le moteur dans le premier cas sera :

$$a \times b$$

et dans le second cas :

$$a' \times b',$$

en supposant à chaque voyage un transport de un mètre cube.

Pour l'ensemble des deux masses et par mètre cube, le nombre de mètres parcourus sera donc :

$$\frac{a \times b + a' \times b'}{a + a'}$$

résultat conforme à la règle que nous avons donnée.

Cette règle appliquée à la recherche de la distance moyenne de transport pour la brouette et le tombereau, dans le tableau précédent, nous donne 78^m pour la valeur de la première de ces distances, et 209^m pour la seconde. On calculerait de même, s'il y avait plusieurs masses, la distance moyenne pour le wagon avec chevaux et wagon avec machines.

115. Prix d'application des transports par mètre cube. — Les prix que nous allons donner ont été appliqués à un asssez grand nombre de projets, et rentrent, du reste, dans les formules établies à ce sujet :

1º Transports à la brouette : $T = 0,0045 \times D$;
2º Transports au tombereau : $T = 0,40 + 0,001 \times D$;
3º Transports au wagon avec chevaux : $T = 0,55 + 0,0004\,D$;
4º   dº   avec machines: $T = 0,55 + 0,00025\,D$.

(T, prix du transport d'un mètre cube ; D, distance moyenne pour chaque genre de transport.)

116. — Le tableau qui va suivre n'a d'autre but que de donner, avec un modèle de détail estimatif, quelques chiffres relatifs à la dépense d'établissement des ouvrages qui se présentent le plus souvent.

Ces chiffres sont naturellement variables suivant les lieux et les circonstances, et leur seule utilité ici consiste à donner un élément de comparaison et d'appréciation pour chaque ouvrage.

Les ouvrages sous rails sont calculés pour une voie et pour une largeur de 5^{m}40 entre les têtes. Le prix calculé du mètre linéaire donne, avec les résultats du tableau Nº 103, les sommes à ajouter à chaque type suivant la hauteur des remblais.

NATURE DES DÉPENSES.	N° du Bordereau	Quantités.	Prix de l'unité.	DÉPENSES		
				Par Article.	Par Ouvrage.	Par Section.
1ʳᵉ Section. — § Iᵉʳ.						
Indemnités de Terrains.						
Terrain de 1ʳᵉ Classe (l'hectare.)	. .	. . .	12.000,»	. . .		
do 2ᵉ do do	. .	. . .	7.500, »	. . .		
do 3ᵉ do do	. .	. . .	4.000, »	. . .		
do 4ᵉ do do	. .	. . .	1.000, »	. . .		
Dépréciation, morcellement, indemnités excep tionnelles pour maisons, magasins, etc. . . .	. .	. . .	. . .	. . .	X D	
environ $\frac{1}{3}$ de X						
Total de la 1ʳᵉ *Section.* § Iᵉʳ. . . .	. .	. . .	. . .	. . .	. . .	Z
1ʳᵉ Section. — § 2. —						
Terrassements						
1· Fouille, charge, régalage et pilonnage.						
Déblais de 1ʳᵉ Classe. . . .	. .	. . .	0.50	. . .		
do 2ᵉ do . . .	. .	. . .	0.80	. . .		
do 3 do . . .	. .	. . .	1.50	. . .		
do 4ᵒ do . . .	. .	. . .	2 50	. . .	X'	Z
A Reporter. . . .	. .	. . .	. . .	. . .	X'	Z

NATURE DES DÉPENSES.	N° du borde-reau.	Quantités.	Prix de l'unité.	DÉPENSES		
				Par Article.	Par Ouvrage.	Par Section.
Reports. . .	. .	. . .	. . .		X'	Z
2e Transports.						
Transports à la brouette à (x) de distance réduite :						
$T = 0,0045\ x$	. .	. . .	x'	a		
Transports au tombereau à (z) de distance réduite :						
$T = 0,40 + 0,001\ z$	. .	. . .	z'	a'		
Transports au wagon avec chevaux à (y) de distance réduite :						
$T = 0,55 + 0,0004\ y$			y'	a''		
Transports au wagon avec machines à (V) de distance réduite :						
$T = 0,55 + 0,00025\ v$	. .	. . .	v'	a'''		
A valoir pour dépenses imprévues, rectification de cours d'eau de chemins, etc.					Y	
(environ 1/6e de X' + Y	. .	. . .	. . .	. . .	Y	
Total de la 1re *Section.* § 2. . .	. .	. . .	. . .	. . .	. .	Z'
A Reporter. . .	. .	. . .	. . .	. . .	B	Z + Z'

NATURE DES DÉPENSES.	Nᵒ du bordereau.	Quantités.	Prix de l'unité.	DÉPENSES		
				Par Article.	Par Ouvrage.	Par Section.
Reports. . .	.	. .	. . .		B	Z — Z'
2ᵉ Section. — *Ouvrages d'art.*						
Aqueducs de 0ᵐ 60 d'ouverture.	»	»	342 f.	. . .		
Prix du mètre linéaire.	»	»	35	. . .	. .	
Aqueducs de 0ᵐ 70 d'ouverture. . . . ,	»	»	766	. . .		.
Prix du mètre linéaire.	»	»	70	. . .	.	
Aqueducs de 1ᵐ 00 d'ouverture	»	»	1.000	. . .	. .	
Prix du mètre linéaire. . . .	»	»	95	. . .		
Aqueducs de 1ᵐ 50 d'ouverture.	»	»	1.800	. . .	. .	
Prix du mètre linéaire.	»	»	140	. .		
Aqueducs de 2ᵐ 00 d'ouverture.	»	»	2 650	. . .	. .	
Prix du mètre linéaire.	»	»	180	. . .		
Aqueducs de 3ᵐ 00 d'ouverture.	»	»	4.520	. . .		
Prix du mètre linéaire.	»	»	354	. . .	. .	
A Reporter. . .	. .	. . .	. . .	. . .	B	Z + Z'

NATURE DES DÉPENSES.	N.° du borde- reau.	Quantités.	Prix de l'unité,	DÉPENSES		
				Par Article.	Par Ouvrage.	Par Section.
Reports	»	»	. .	. . .	B	Z + Z'
Viaducs de 4^m d'ouverture. hauteur 6^m 00	»	»	9.500	. . .		
Prix du mètre linéaire. . . .	»	»	560	. . .		
Ponts sur rails pour route nationale, 8^m 00 de largeur entre les têtes, et 9^m 60 d'ouverture hauteur 6^m 75	»	»	15.000	. . .		
Prix du mètre linéaire. . . .	»	»	1.200	. . .		
Ponts sur rails de 16^m 00 d'ouverture et 4^m 80 de largeur entre les têtes (hauteur 7^m 20). . .	»	»	17.000	. . .		
(Ce pont est formé d'un seul arc en maçonnerie sans pieds droits).						
Ponts sur rails de 5^{m}00 entre les parapets, pour route départementale ou chemin vicinal. . .	»	ƒ	10.000	. . .		
Ouvrages spéciaux.						
Viaduc de deux arches de 4^m 00 chacune, pour passage d'une rivière hauteur totale. 4^m 25. .	»	»	14.60 0	. . .		
A Reporter.	. .	. . .	. .	. . .	B	Z + Z'

NATURE DES DÉPENSES.	N.º du bordereau.	Quantités.	Prix de l'unité.	DÉPENSES		
				Par Article.	Par Ouvrage.	Par Section.
Reports. . .	. .	. . . .	. . .	. . .	B	$Z + Z'$
Viaduc de 4ᵐ 00 d'ouverture avec tablier en tôle (hauteur sous rails, 6ᵐ 00). . . . . (Pour chemin rural ou vicinal ordinaire).	»	»	15.000 f	. . .	. . .	
Viaduc de 5ᵐ 00 d'ouverture avec tablier métallique (hauteur sous rails, 6ᵐ 30) (Pour chemin vicinal de grande communication et route départementale).	»	»	16.000	. . .	. . .	
Viaduc de 5ᵐ 00 d'ouverture avec tablier métallique (hauteur, 3ᵐ 50). (Pour passage d'une rivière).	»	»	8.000	. . . .	. . . .	
Total. . .			. . .		B"	
(A ajouter pour dépenses imprévues 1/3 environ de B") . . .	. .	. . .	. . .	. . .	b"	
Total de la 2ᵉ section. . .			. . .	. . .		Z"
A Reporter. . .	. .	. . .	. . .	. . .		$Z+Z'+Z''$

(Nota. — Tous les ouvrages en maçonnerie sont calculés y compris les têtes. Dans chaque cas particulier, où la hauteur du remblai dépasse celle de l'ouvrage, il suffit donc, en supposant l'écartement des têtes, de multiplier par le prix du mètre linéaire donné, les chiffres trouvés dans la dernière colonne du Tableau N° 103.)

NATURE DES DÉPENSES.	Nᵒˢ du bordereau.	Quantités.	Prix de l'unité.	DÉPENSES		
				Par Article.	Par Ouvrage.	Par Section.
Reports. . .	. .	. . .	. . .	. . .	. . .	$Z+Z'+Z''$
3ᵉ Section.						
Stations. — Passages à niveau, etc.						
Passages à niveau avec barrière et maison de garde. . . .	»	»	7.200 f.	. . .		
dᵒ Sans maison de garde. . . .	»	»	900	. . .		
dᵒ Sans barrière ni garde. . . .	»	»	350	. . .	. . .	
Stations, haltes, constructions diverses, mobilier, etc. (évalué au kilomètre.			7.500	. . .	. . .	
Total de la 3ᵉ Section. . . .	. .	. . .	. . .			Z'''.
A Reporter. . .	. .	. . .	. . .			$Z+Z'+Z''+Z'''$

NATURE DES DÉPENSES.	N° du bordereau.	Quantités.	Prix de l'unité.	DÉPENSES		
				Par Article.	Par Ouvrage.	Par Section.
Reports	. . .	. . .	. .	. . .	. . .	$Z+Z'+Z''+Z'''$
4ᵉ Section						
Voie et Ballast.						
Voie courante (ballast compris)	»	»	35f. 00	. . .		
Voies de garage et accessoires. . . .	»	»	5 00	. . .	. . .	
(Le tout au mètre courant.)						
Total de la 4ᵉ Section. . . .	. .	. . .	. . .	. . .	. . .	Z_o
5ᵉ Section.						
Matériel roulant et Télégraphie.						
Matériel roulant (au kilomètre.)	»	»	10.000 f	. . .		
Télégraphie. . . . do	»	»	100	. . .	. . .	
Total de la 5ᵉ Section. . . .	. .	. .	. . .	. . .	. . .	Z'_o
A Reporter.	. . .	. . .	. . .	.		$Z+Z'+Z''+Z'''+Z_o+Z'_o$

<table>
<tr><td colspan="2">DÉPENSES PAR SECTION.</td></tr>
<tr><td>Report . . . .</td><td>$Z+Z'+Z''+Z'''+Z_0+Z'_0$</td></tr>
<tr><td>Frais de conduite et de direction des travaux, intérêts pendant la construction, etc . . . . . (environ $\frac{1}{20}$ de la somme des sections. . . . .</td><td></td></tr>
<tr><td></td><td>Z''_0</td></tr>
<tr><td>Dépense totale. . . .</td><td>W</td></tr>
</table>

Les ouvrages sur rails sont calculés dans chaque cas particulier comme l'indique leur énoncé. Les prix de quelques ouvrages que nous avons classés sous le titre de spéciaux, comprennent leur établissement complet.

La voie a été supposée en rails vignoles de 35 kilog. par mètre courant.

Les prix portés pour accessoires, télégraphie, installation dans les stations, doivent être regardés comme suffisant à tous les besoins ; comme la façon dont ils sont établis l'indique, ils ne s'appliquent qu'à des projets d'une certaine longueur et dans lesquels le nombre et l'importance des stations rentrent dans les conditions ordinaires.

117. Détail de la voie proprement dite. — Nous terminerons ce chapitre par le détail des différents objets composant la voie. Les prix des fers et fonte varient tous les jours, nous nous abstenons donc de les porter ; nous remplaçons cet élément d'appréciation par le poids ou le nombre de chaque objet. Il sera par suite facile, à un moment donné, de trouver la valeur argent du mètre courant de voie. Les types de voie sont nombreux, nous donnons les spécimen les plus fréquemment employés.

1° Voie de 1ᵐ 44 entre les rails, avec rails à double champignon, de 35ᶠ le mètre linéaire, et 6ᵐ 00 de longueur.		2° Voie de 1ᵐ 44 avec rails vignole de 36ᶠ 50 le mètre, et 6ᵐ de longueur.		3° Voie de 1ᵐ 10 de largeur avec rails de 5ᵐ 00 de longueur.	
Rails à 35ᶠ le mètre linéaire.	70k. »»	Rails à 36ᶠ50 le mètre linéaire.	73k. »»	Rails à 16ᶠ50 le mètre linéaire.	33k.»»
Eclisses, à 9ᶠ 50 la paire 1/6ᵉ (19kᵒˢ)	3.20	Eclisses à 9ᶠ 50 la paire (1/6ᵉ) (19 kᵒˢ).	3,20	Crampons de 0ᵐ 10 de largeur.	5c.1/3
Boulons d'éclisse. à 0ᶠ 50 chaque 1/6ᵉ (4kᵒˢ). . . .	0,70	Boulons d'éclisse à 0ᶠ 50 chaque 1/6 (4kᵒˢ). . . .	0,70		
Cousinets en fonte à 9ᶠ chaque 1/6ᵉ, (14) 9kᵒˢ	21,»»	Selles de joint. à 3ᶠ chaque 1/6ᵉ 6kᵒˢ).	1,»»	Eclisses à 2ᶠ 80 la paire 1/5 (5ᶠ 60).	1k. 12
Chevillettes à 0ᶠ 28 chaque 1/6ᵉ (28) (0ᶠ 28). . .	1 30	Crampons. à 0ᶠ 40 chaque 1/6ᵉ (33) (.ᶠ 40). . . .	2.20	Boulons d'éclisses, les 4 pesant ensemble 0ᶠ80 1/5ᵉ(1ᶠ60)	0.32
Coins en bois 1,6 (14). . .	2.1/3	Traverses ordinaires. . .	1,»»	Traverses de 1ᵐ60 de longueur espacées de 1ᵐ75.	1,1/3
Traverses 1/6ᵉ (7). . .	1,1/6	Traverses de joint. . .	1/6ᵉ		
Sabotage et rengement. . .	0fr.20	Distribution des matériaux.	1f. 47	Transports des matériaux. .	0,86
Distribution des matériaux.	1,47	Pose des voies, compris transports sur les voies mêmes	1,80	Pose des voies.	1,10
Pose des voies, compris transport sur les voies mêmes	1,80				

Noᴛᴀ. — Il faut ajouter, par mètre linéaire de voie, une quantité de ballast, facile à calculer suivant le profil adopté. Les cubes employés par mètre courant, varient entre 1ᵐ330 et 2ᵐ350, à 3fr. 00 le mètre cube environ.

Observations sur les divers types de voie.

118.—Nous allons résumer en quelques lignes, les considérations auxquelles ont conduit les expériences nombreuses faites sur les divers types de voie créés.

Il ressort tout d'abord des rapports publiés sur les chemins de fer, que, si l'on doit chercher toutes les économies possibles dans l'entretien et les frais de premier établissement, il faut au contraire construire la voie proprement dite, avec toutes les dépenses que comportent un choix de matériaux de qualité et de quantité suffisantes.

Quelques lignes secondaires où l'on avait employé des rails légers, de 20, 25 et même 30 kilogrammes au mètre linéaire, ont dû être remaniées au bout de quelques années d'exploitation, et la dépense finale a surpassé celle d'un solide premier établissement.

Le ballast joue aussi un grand rôle dans la stabilité de la voie ; on doit faire tous ses efforts pour se procurer un ballast résistant et proscrire l'emploi de roches trop tendres ou de sables terreux.

En substituant aux rails solides, soit à double champignon, soit système Vignole, des rails plus légers, l'économie n'est du reste pas considérable. L'on remarquera que le nombre des traverses doit rester le même, il en est ainsi du cube du ballast et des accessoires ; la seule économie porterait donc sur le poids des rails. En employant, par exemple, des rails de 30 k^{os} le mètre linéaire, la différence de prix serait de environ 3 fr. 60 par mètre, et de 6 fr. 60 pour des rails à 25 k^{os} ; mais l'augmentation de dépenses que comporte l'établissement en rails forts, est bien largement compensée par les avantages retirés pendant l'exploitation.

La petite voie de 1^m 10 de largeur, dont nous avons donné le détail, ne peut être utilement et économiquement employée que pour des lignes tout à fait spéciales, destinées par exemple à des exploitations de mines, d'usines, etc.... et qui n'ont pas à craindre d'être astreintes dans l'avenir à un service régulier de voyageurs et de marchandises.

L'on a comparé sur un grand nombre de points, les rails à double champignon et les rails Vignole (ou à patin) ; les expériences paraissent être concluantes pour la supériorité du dernier système. Le rail Vignole résiste mieux aux diverses actions auxquelles sont soumis les rails pendant l'exploitation : et dont les principales sont les pressions horizontales et verticales, produites par le passage des trains, surtout dans les courbes.

Pour terminer, nous dirons quelques mots des rails en acier Bessemer : l'emploi de ces rails, malgré leur prix relativement élevé, prend une grande extension sur les lignes principales, où l'usure est considérable ; la différence des prix de revient de la voie, en rails Vignole, en rails à double champignon, avec les rails en acier, est de environ 30 %, mais cet excédant de dépenses est, paraît-il, bien compensé par la plus grande durée des rails en acier ; les expériences, concluantes jusqu'à présent, sur l'adoption de ce nouveau système de rails, remontent à 1860, et les prix de revient de l'acier pour rails, diminuant au fur et à mesure de l'extension de la production, on peut être certain, dès maintenant, que son emploi s'étendra de plus en plus.

CHAPITRE V.

MÉMOIRE DESCRIPTIF.
NOTE SUR LE TRAFIC PROBABLE.

Les dernières pièces dont se compose habituellement le dossier du projet sont :

1° Un mémoire descriptif du tracé proposé ;

2° Une note sur le trafic probable de la ligne projetée.

Ces renseignements sont destinés, avec les documents que nous avons déjà énumérés, à former un ensemble d'éléments d'appréciation, suffisant pour éclairer et fixer l'opinion des commissions chargées de l'étude de la question ; on n'a donc pas la plupart du temps, de conclusions à en tirer et l'on doit se renfermer dans l'examen purement technique des conditions du projet.

La rédaction du devis descriptif n'offre pas de difficultés spéciales, cette pièce ne faisant que résumer l'ensemble des dispositions adoptées ; l'on comprendra facilement, du reste, l'esprit de ce travail, par l'étude des différents paragraphes que nous allons présenter à ce sujet.

Le calcul du trafic probable, demande au contraire une étude approfondie, surtout de statistique. Le meilleur mode d'opérer consiste à comparer la ligne à créer avec d'autres voies ferrées en exploitation, parcourant des régions offrant une certaine analogie avec celles que l'on étudie. L'on comprend donc ici la nécessité de posséder un grand nombre de documents, dont les principaux seront les relevés de l'exploitation des lignes similaires de celle projetée.

Ces recherches sont plutôt du ressort de l'Ingénieur que du Conducteur; cependant, pour remplir le programme que nous nous sommes imposé, de passer en revue les différentes pièces du projet, nous avons cherché à résumer dans les pages suivantes les principales considérations qui peuvent servir de base.

1ᵉ MÉMOIRE DESCRIPTIF.

Un mémoire descriptif comprend la description et la justification du tracé adopté au point de vue des localités à desservir, de la topographie du pays, et des nécessités de la traction. On y joint les considérations qui ont servi de bases à l'estimation des dépenses.

1° Direction générale du Tracé.

119. — Ce paragraphe rappelle les points de passage principaux, les vallées ou lignes de faîtes suivies ou coupées, les altitudes maximum que l'on a dû atteindre, enfin les localités à desservir et la position dans laquelle le projet s'en approche.

2° Descriptions de détails.

120. — Pour justifier le plan et le profil, il est nécessaire de mettre en parallèle les difficultés de toute nature que le terrain a pu présenter et les moyens employés en plan et profil pour les vaincre.

Ce second paragraphe doit donc prendre le tracé à son origine et le conduire à son extrémité, avec la description des motifs qui ont conduit à choisir tel ou tel vallée ou faîte, ou flanc de vallée, tels ou tels rayons de courbe, tels ou tels déclivités et terrassements.

La comparaison des altitudes et de la forme du terrain, l'obligation de s'approcher de localités à desservir, enfin le programme adopté (chap. 2 — n° 6), doivent permettre de justifier facilement les dispositions projetées.

3° Justification du tracé au point de vue de la traction.

121. — Les nécessités du plan et du profil une fois démontrées, il reste à présenter les conditions offertes à la traction. Ces conditions dépendent de trois points principaux :

Les Paliers, Pentes et Rampes. — Les Alignements et Courbes. — Les Stations et Haltes.

1° *Paliers, Pentes et Rampes.* — L'on justifie les rampes maximum que l'on peut avoir été obligé d'appliquer, en présentant, dans le cas où ces déclivités sortiraient des limites ordinaires, les moyens que l'on a prévus pour assurer toute sécurité.

Dans un tableau de la forme suivante, l'on donne la nature et l'importance des différentes parties de la ligne rouge.

	Longueur des paliers, pentes et rampes.	Rapport au parcours total du projet.
PALIERS.	690,»»	0,228
PENTES — Comprises entre 0,000 et 0,005 inclus.	»	»
d° 0,005 et 0,010 d°	42 689	0,141
d° 0,010 et 0,015 d°	250,00	0,082
d° 0,015 et 0,020 d°	1110,00	0,367
Au-dessus de 0,020	»	»
RAMPES — Comprises entre 0,000 et 0,005 inclus.	»	»
d° 0,005 et 0,010 d°	400,»»	0,132
d° 0,010 et 0,015 d°	»	»
d° 0,015 et 0,020 d°	150,00	0,050
Au-dessus de 0,020	»	»
TOTAUX.	3026,89	1,000

(Ces renseignements dérivent du devis descriptif N° 91).

Nota. La partie de profil en long que nous avons présenté planche (3) ne présente pas assez d'étendue pour qu'en la décrivant nous puissions embrasser tous les éléments d'un mémoire descriptif; cependant nous donnerons, chaque fois que nous le pourrons, ce qui se rapporte à ce profil, à titre de renseignement.

Somme des abaissements.	28,32
Somme des élévations.	5,10
Abaissement définitif.	23,22
Excédant de la somme des abaissements sur l'abaissement définitif.	5,10
Rapport de cet excédant à l'abaissement définitif.	0.220

2° *Alignements et Courbes*. — L'on explique ici, de même que pour les fortes déclivités, les raisons techniques qui peuvent faire accepter les rayons minimum auxquels on a été conduit sur certains points. — La première considération à faire valoir, naît, pour les chemins d'intérêt local, de la moindre longueur et des plus petites vitesses des trains.

L'on donne ensuite dans un tableau dans le genre de celui qui suit, l'importance des alignements et des courbes, et le rapport de chaque longueur à différents rayons, à la longueur totale du projet.

	Longueur des alignements et des Courbes.	Rapport au parcours Total.
ALIGNEMENTS.	1714,38	0,566
COURBES — de 250ᵐ de rayon.. . . .	»	»
de 300ᵐ.	738,30	0,244
de 400ᵐ.	460,76	0,132
de 400ᵐ à 600ᵐ. . . .	»	»
de 600ᵐ à 800ᵐ. . . .	»	»
de 800ᵐ à 1000ᵐ. . .	113,45	0,038
Au-dessus de 1000ᵐ. . . .	»	»
Totaux. . .	3026 89	1.000

(Devis descriptif — N° 89.)

3° *Stations et Haltes*. — Dans ce troisième paragraphe, l'on rend compte des dispositions prévues pour l'emplacement des stations et haltes. Sans entrer dans les conditions d'aménagement des voies et des bâtiments, l'on fait voir que les chiffres adoptés : pour la longueur des paliers sur lesquels les stations sont placées, pour les déclivités avoisinantes, pour la largeur des stations, suffisent, pour rendre commode les manœuvres des trains, et assurent l'établissement des diverses constructions.

L'on dresse ensuite le tableau suivant, qui donne les principaux éléments des stations.

Désignation des Stations et Haltes.	Distance des Stations ou Haltes	
	à la Station ou Halte précédente.	à l'origine du projet.
Sation de	»	»
Halte de	»	»
. . . .	»	»
. . . .	»	»

Distance kilométrique moyenne entre les stations et haltes : x

4° Considérations ayant servi de bases à l'évaluation des dépenses.

122. — 1° *Terrains*. — L'on rappelle ici, avec les prescriptions du devis descriptif en ce qui concerne la largeur d'ouverture de la ligne, les considérations qui ont servi de bases à l'adoption des prix des différentes classes de terrains, l'on donne les dimensions des stations et haltes, puis l'on dresse le tableau suivant :

	Surface totale.	Surface par kilom.
Surface à acquérir.	»	»

2° *Terrassements*. — Après avoir rendu compte du mode de calcul des terrassements, l'on indique les observations qui ont donné lieu à leur classement conformément au métré (*Sondages ou renseignements divers*, chap. 9, n° 79).

L'on relate les avantages qui pourront se trouver, pendant l'exécution, par l'emploi pour les travaux d'art ou le ballast des tranchées en rocher, et l'on donne le résultat final :

	Cube total.	Cube par kilom.
Terrassements	»	»

3° *Ouvrages d'art.*— Ce paragraphe doit indiquer les types sur lesquels les ouvrages ont été prévus, ou les métrés spéciaux que l'on a établi, soit directement, soit par comparaison avec des ouvrages analogues. On calcule ensuite le débouché total et par kilomètre des ouvrages pour l'écoulement des eaux, ainsi que le nombre de passages rétablissant les communications.

	Total.	Par kilom.
Debouchés des ouvrages pour les eaux.	.	»

OUVRAGES POUR LES COMMUNICATIONS.

Passages à niveau.	»
Viaducs.	»
Ponts.	»
Total. . . .	»

Soit 1 passage pour x mètres.

4° *Voie et ballast.* — L'on détaille le prix porté sur ce chef au détail estimatif pour la voie courante; l'on rappelle également les différents objets, tels que signaux, changements de voie, plaques tournantes, aiguilles, grues, etc., portés avec un prix kilométrique sous la rubrique : *Voies de garage et accessoires.*

5° *Stations et haltes.* — Selon le mode de construction du détail estimatif, l'on vérifie ici la concordance du prix kilométrique porté, avec les dépenses de chaque station et halte.

Ces dépenses pour un chemin d'intérêt local peuvent s'évaluer comme suit :

Station, y compris mobilier, etc.	40.000 fr.
Halte.	10,000
Maisons de garde.	6,000

6° *Matériel roulant et télégraphie.* — L'on indique pour ce dernier paragraphe, le matériel dont on a prévu l'acquisition, c'est-à-dire le nombre de machines, de wagons à voyageurs et à marchandises.

La dépense télégraphique est une moyenne établie par les travaux analogues déjà faits.

5° Evaluation des dépenses.

123. — L'on termine le devis descriptif par le résumé des dépenses des cinq sections du détail estimatif, sections dont nous venons de justifier successivement les prix d'application.

RÉSUMÉ DES DÉPENSES.	Dépenses par section.	
	Totales.	Par kilomètre.
1re *Section.* § 1er Acquisitions de terrain.	»	»
§ 2e Terrassements. . . .	»	»
2e *Section.* Ouvrages d'art.	»	»
3e *Section.* — Stations et haltes.	»	»
4e *Section.* — Voie et ballast.	»	»
5e *Section.* — Matériel roulant et télégraphie	»	»
Totaux.	»	»
Frais de conduite et de direction des travaux, intérêts pendant la construction, etc. .	»	»
Total général de la dépense	»	»

2° NOTE SUR LE TRAFIC PROBABLE.

124. Considérations générales. — Il est difficile de se rendre, au premier abord, un compte exact du trafic auquel pourra prétendre une ligne projetée.

Les principaux éléments dont on doit étudier la marche, après la construction, sont divers et nombreux.

La première considération dont on est naturellement conduit à s'occuper, c'est le trafic existant déjà entre les diverses localités que l'on se propose de desservir et la proportion que l'on peut supposer devoir être absorbée par la ligne ferrée.

L'on aura à examiner ensuite les richesses que peut présenter le pays dans un rayon exploitable, le développement qu'elles pourront acquérir dans l'avenir ; enfin, l'on devra tenir compte des mœurs et des habitudes des habitants du pays traversé.

Les grandes lignes absorbent presque en totalité le trafic des points qu'elles desservent ; les routes qui leur étaient parallèles ont vu leur circulation décroître jusqu'à devenir presque nulle, tandis que les transports augmentaient au contraire sur les routes perpendiculaires ou affluentes.

Les chemins d'intérêt local ne sont pas, il s'en faut, dans les mêmes conditions. Il y a dans la zone à traverser des habitudes prises, et l'amélioration apportée par la voie ferrée aux transports des marchandises et voyageurs se fait moins sentir par suite des distances relativement faibles entre les localités desservies.

On s'exposerait donc à de graves mécomptes en supposant que la ligne nouvelle recueillera tout le trafic que les recherches statistiques ont pu manifester ; quelle part lui en reviendra?

Tel doit être le but des recherches de cette note.

A l'origine, cette étude a dû être complexe, et les comparaisons faites avec de grandes artères ont bien pu conduire à des résultats d'exploitation inférieurs à ceux prévus.

Aujourd'hui qu'il existe un grand nombre de chemins départementaux, la question est simplifiée et la voie des recherches toute tracée.

L'on arrivera à une solution aussi près que possible de la vérité en comparant la ligne à créer avec d'autres lignes en exploitation et présentant avec elle le plus d'analogie au point de vue du genre de *trafic normal*, du nombre et des habitudes des localités traversées, enfin de la richesse et de la nature du pays.

Ce choix une fois fait, il restera à étudier les résultats obtenus par l'exploitation et à en déduire ce que l'on peut attendre pour la nouvelle ligne.

125. Etude du trafic probable. — La constatation de ces résultats peut se faire, d'une façon satisfaisante pour l'étude qui nous occupe, par les différences constatées entre la circulation ancienne et présente des routes parallèles et affluentes dans un rayon donné.

L'on a toujours à sa disposition les relevés statistiques de la circulation des routes nationales et départementales, il suffit donc de prendre leurs éléments.

La longueur du *rayon d'apport* pour les routes affluentes pourra se déduire des connaissances que l'on doit avoir de la marche du transit de chaque centre avoisinant la ligne, en même temps de l'examen des relevés de circulation, qui manifesteront, par le peu de changement des résultats consécutifs de chaque période d'observation, le point de chaque route où l'attraction de la ligne ne se fait plus sentir.

Avec ce mode de procéder, l'on néglige la circulation sur les chemins vicinaux; mais en général ils se soudent sur les routes principales, et les stations d'observation de la circulation sont disposées de façon à ne rien laisser échapper.

Lors même qu'il n'en serait pas ainsi, si l'on n'a pas sur le transit fait par ces chemins, de données certaines, il est préférable de n'en point tenir compte, afin de restreindre les chiffres auxquels les calculs vont conduire dans une limite plutôt en dessous qu'en dessus de la réalité.

Il est, du reste, bon de remarquer qu'à part la consommation locale, l'apport des petites voies se retrouve dans les exportations faites par les routes.

Les résultats de la comparaison à laquelle on se sera livré

sur la circulation, avant et après l'établissement de la *ligne servant de guide*, pour les routes parallèles et affluentes, pourront être classés comme suit :

DÉSIGNATION DES ROUTES.	Voitures d'agriculture.		Voitures de roulage.		Voitures de messageries.		Voitures particulières.	
	Augmentation par 100 colliers.	Diminution par 100 colliers.	Augmentation par 100 colliers.	Diminution par 100 colliers.	Augmentation par 100 colliers.	Diminution par 100 colliers.	Augmentation par 100 colliers.	Diminution par 100 colliers.
Routes parallèles au chemin de fer construit.	»	b	»	c	»	d	»	e
Routes affluentes au chemin construit. . . .	a	»	a'	»	a''	»	a'''	»

Les chiffres de ce tableau donnent, comme on le voit, pour chaque genre de transport, un coefficient d'augmentation ou de diminution.

L'on dresse alors le tableau de la circulation actuelle des routes parallèles et affluentes *à la ligne projetée* :

DÉSIGNATION DES ROUTES.	Voitures d'agriculture.	Voitures de roulage.	Voitures de messageries.	Voitures particulières.
1° *Routes parallèles*.				
	Colliers.	Colliers.	Colliers.	Colliers.
Route Nᵒ.... de.... à....	m	n	o	p
Route Nᵒ.... de.... à....	m'	n'	o'	p'
partie comprise entre..et..)	. . .	. . .	. . .	. . .
. . . .	. . .	. . .	. . .	. . .
2° *Routes affluentes*.				
Route Nᵒ.... de.... à....	m''	n''	o''	p''
. . . .	. . .	. . .	. . .	. . .
. . . .	. . .	. . .	. . .	. . .

En appliquant à ce deuxième tableau les coefficients du premier, l'on en déduira le troisième tableau suivant, qui représente en *colliers* la circulation sur laquelle peut compter *la ligne à établir :*

DÉSIGNATION DES ROUTES.	Voitures d'agriculture.	Voitures de roulage.	Voitures de messageries.	Voitures particulières.
1° *Routes parallèles.*				
Route N°.... !de.... à....	$\dfrac{m \times b}{100}$	$\dfrac{n \times c}{100}$	$\dfrac{o \times d}{100}$	$\dfrac{p \times e}{100}$
Route N°.... de.... à.... (partie comprise entre.. et..)	$\dfrac{m' \times b}{100}$	$\dfrac{n' \times c}{100}$	$\dfrac{o' \times d}{100}$	$\dfrac{p' \times e}{100}$
. . . .	. . .	. . .	. . .	. . .
2° *Routes affluentes.*				
Route N°... de .. à...	$\dfrac{m'' \times a}{100}$	$\dfrac{n'' \times a'}{100}$	$\dfrac{o'' \times a''}{100}$	$\dfrac{p'' \times a'''}{100}$
. . . .	. . .	. . .	. . .	. . .
. , ...	. . .	. . .	. .	. . .

Le tableau précédent nous donne en *colliers*, le trafic à attendre de la ligne; il reste à évaluer ce nombre en tonnes et voyageurs kilométriques. Pour cela l'on remarquera :

1° Que l'on considère chaque collier attelé à une voiture d'agriculture, comme représentant, en poids utile.   780 k^{os}

2° Qu'un collier attelé à une voiture de roulage donne en poids utile. . . . . 1010 k^{os}

3° Qu'un collier de voitures pour messageries ou entreprises régulières pour voyageurs, représente le poids de 7 voyageurs moyens avec chacun 10 k^{os} de bagage, soit. . . 490 k^{os}

4° Qu'enfin, pour les voitures particulières, l'on accepte un transport moyen de 3 voyageurs sans bagages, soit.   180 k^{os}

Avant d'appliquer les chiffres précédents aux résultats du 3°

tableau, nous ferons observer que s'il convient d'appliquer la diminution totale constatée pour les routes parallèles, au trafic de la ligne sur toute sa longueur, il ne doit pas en être ainsi pour les routes affluentes, dont les marchandises et voyageurs ne parcourent qu'une partie de la ligne.

L'on peut prendre, sans crainte d'élever les résultats, la moitié du produit trouvé pour ces routes.

L'on possède ainsi tous les éléments du tableau suivant, qui donne en voyageurs et tonnes kilométriques le trafic diurne de la ligne étudiée :

DÉSIGNATION des Routes.	Voitures d'agriculture	Voitures de roulage.	Voitures de messageries.	Voitures particulières.
1° Routes parallèles	Kilos.	Kilos.	Voyageurs.	Voyageurs.
Route N°.. de.. à..	$\dfrac{m \times b}{100} \times 780$	$\dfrac{n \times c}{100} \times 1010$	$\dfrac{o \times d}{100} \times 7$	$\dfrac{p \times e}{100} \times 3$
Route N°.. de.. à.. (partie comprise entre... et..)	$\dfrac{m' \times b}{100} \times 780$	$\dfrac{n' \times c}{100} \times 1010$	$\dfrac{o' \times d}{100} \times 7$	$\dfrac{p' \times c}{100} \times 3$
2° Routes affluentes Route N°.. de.. à..	$\dfrac{\frac{m'' \times a}{100} \times 780}{2}$	$\dfrac{\frac{n'' \times a'}{100} \times 1010}{2}$	$\dfrac{\frac{o'' \times a''}{100} \times 7}{2}$	$\dfrac{\frac{p'' \times a'''}{100} \times 3}{2}$

Le tableau ci-dessus donne un nombre de tonnes et de voyageurs kilométriques, avec lequel, en appliquant les tarifs prévus, et qui sont habituellement de 0 fr. 10 par tonne et par kilomètre et de 0 fr. 065 par voyageur et par kilomètre, on obtient la recette brute kilométrique, soit journalière, soit annuelle, en multipliant le résultat trouvé par 365.

Il convient d'ajouter aux chiffres précédents les différents transports assurés et non prévus, tels que : marchandises en grande vitesse, excédant de bagages, chiens, chevaux, etc... et dont le produit est compté généralement pour 15 °/₀ de la recette brute.

Les chiffres obtenus comme nous venons de le faire, ne présenteront certainement que des minimum ; on n'y tient pas compte des transports divers en voyageurs marchant actuellement à pied et dont la plupart se serviront dans la suite du chemin de fer ; on n'y comprend pas non plus les transports en bestiaux, circulant en troupeaux sur les routes, dont les relevés de circulation ne tiennent pas compte.

Les statistiques des marchés et foires, faciles à recueillir à chaque mairie, et présentés dans la note qui nous occupe sous une forme assimilable aux transports par voie ferrée, donneront encore un important élément de justification de partie du trafic prévu.

Si la ligne que l'on étudie présente, en outre d'un trafic normal analogue à celle à laquelle on l'a comparée, quelques genres d'industries ou de trafics spéciaux, il y a lieu dans ce cas, sans rien changer aux chiffres prévus, de montrer l'accroissement probable que les facilités de transport et de débouchés donneront à cette source de transit.

En un mot, tout en restant le plus faible possible dans les appréciations de chiffres, il ne faut cependant pas oublier de développer tous les éléments de vitalité que peut présenter la ligne projetée.

126. Remarque sur le paragraphe précédent. — Le système que nous venons de résumer, peut donner lieu à plusieurs objections, dont les principales s'appuient sur le plus ou moins de confiance que l'on peut accorder aux relevés de circulation, et aux coefficients que l'on emploie pour réduire le nombre de colliers constatés, en tonnes et en voyageurs.

Un autre sujet de doute s'est élevé contre ce système ; lorsque l'on est venu à comparer les résultats calculés et les recettes réelles, il y a eu là des écarts notables, et le rendement des lignes a presque toujours été trouvé bien inférieur aux chiffres que l'on avait espérés. Mais cette différence entre les prévisions et le trafic réel avait une cause facile à saisir, lors des premières constructions de chemin de fer d'intérêt local; les éléments de comparaison manquaient et, au lieu de se servir, comme nous l'avons indiqué, des rapports d'accroissement et de diminution de la circulation, sur les routes parallèles et affluentes, après et avant l'ouverture d'une ligne, l'on avait été conduit à des calculs plus ou moins arbitraires sur les données des tableaux de comptage existant au moment du projet.

Le moyen d'opérer, décrit dans le § précédent, conduit certainement à une bien plus juste appréciation du trafic probable que les premiers procédés employés. Néanmoins, comme il n'écarte pas les causes d'erreurs que l'on peut craindre dans les relevés de la circulation, nous croyons utile de donner un autre mode d'évaluation du transit à espérer pour une ligne.

127. Autre moyen de calculer le trafic probable. — La méthode dont nous allons développer le mécanisme consiste : *A trouver un rapport entre le nombre des habitants des diverses stations projetées d'une ligne et celui des voyageurs et marchandises.*

Les études et les laborieuses recherches auxquelles a donné lieu la solution de ce problème, sont dues à M. Michel, ingénieur des Ponts et Chaussées.

M. Michel a présenté en 1868 l'exposé de sa méthode ; depuis il a recherché le rendement réel d'un grand nombre de lignes exploitées depuis plusieurs années, et calculé en même temps, d'après son système, la recette théorique de ces divers embranchements. L'écart du résultat des calculs, avec les recettes vraies, est assez restreint dans la plupart des cas, pour justifier pleinement le nouveau mode d'évaluation du trafic probable d'une ligne.

Pour une région donnée, le rapport du nombre des habitants au nombre de voyageurs est à peu près constant d'une année à l'autre. Il en est de même pour les transports de toute nature, car l'exportation et l'importation ou consommation locale, sont évidemment proportionnelles au nombre d'habitants. Nous n'envisagerons pas, dans ce qui va suivre, les produits spéciaux, tels que exploitations importantes de mines ou usines, dont on devra faire un relevé séparément.

Le rapport dont nous allons nous servir varie évidemment plus ou moins, d'une région à une autre, selon les mœurs, la nature et la richesse du pays considéré.

L'étude d'un grand nombre de lignes de tous les réseaux, créés avant 1862, et par conséquent en pleine exploitation en 1868, année où les recherches ont été faites, a conduit M. Michel aux résultats suivants :

Pour toute la France, le rapport du nombre des habitants des diverses stations au nombre des voyageurs expédiés, varie entre 4 et 9 ; soit en moyenne 6,50 voyageurs par habitant.

Le mouvement des marchandises varie entre 1,40 tonne et 3 tonnes, soit en moyenne 2,20 tonnes par habitant.

En adoptant ces moyennes pour un projet, l'on peut commettre une erreur d'un tiers en plus ou en moins pour l'évaluation du trafic. Si l'on désirait avoir une appréciation plus rigoureuse, il y aurait à rechercher dans quelle catégorie l'on pourrait classer la ligne que l'on étudie, et quels coefficients l'on serait par suite conduit à choisir. L'on arrivera au résultat cherché, en comparant la région à traverser avec d'autres pays, autant que possible de même nature, mœurs et commerce, et possédant déjà une voie ferrée ; l'étude des résultats de l'exploitation de ces dernières, eu égard au nombre des habitants des stations, fera connaître les coefficients que l'on peut admettre pour la nouvelle ligne, ou le rapport existant entre les habitants, les voyageurs et marchandises expédiés.

Les chemins de fer d'intérêt local, ayant surtout pour but de mettre en communication deux localités extrêmes, dont l'une au moins possède déjà une voie ferrée, les échanges dans l'intervalle sont généralement très-restreintes. On peut donc admettre que les voyageurs et marchandises embarqués à chaque station (nous tiendrons compte des retours), se dirigent vers le centre relié au reste de la région par une voie ferrée.

En admettant ce principe, reconnu exact, l'on obtiendra la valeur du trafic kilométrique cherché, en multipliant successivement le nombre des habitants de chaque station par les moyennes adoptées en voyageurs et tonnes, puis le résultat trouvé par la distance de chaque station à l'origine du projet, en divisant la somme de ces produits par la longueur du projet et enfin en multipliant le résultat final par 2. Soit d'une manière générale :

$$T = \frac{2(b+c)\,\Sigma\,h\,d}{l}$$

T, trafic cherché ;
b, rapport adopté entre le nombre des habitants et des voyageurs;
c, ... d° . . . . marchandises ;
Σ, somme des produits des trafics par les distances ;
h, nombre des habitants des diverses stations ;
d, distance de chaque station à l'origine du projet ;
l, longueur totale du projet ;
Le tout multiplié par 2 pour tenir compte des aller et retour (1).

Si l'on supposait que la population fût uniformément répartie sur toute la ligne, la distance moyenne, ou la moyenne des valeurs de d, soit d', serait $\frac{1}{2}\,l$; mais il n'en est jamais ainsi, et l'on a calculé que l'on peut prendre ordinairement $d' = \frac{2}{3}\,l$; la formule précédente devient alors :

$$T = \frac{2(b+c)\,\Sigma\,h \times \frac{2}{3}\,l}{l}$$
$$= \frac{2}{3}\,2(b+c)\,\Sigma\,h :$$

Tons les éléments y sont connus, en admettant calculé le nombre des habitants de chaque station.

Ce calcul s'établira en prenant non-seulement le nombre des habitants des agglomérations à desservir, mais aussi une partie de la population rurale. On peut supposer que l'action du chemin de fer ne se fait plus sentir à partir d'un rayon de 4 kilomètres pour une ligne d'intérêt local.

(1) Il résulte de cette formule, que dans l'étude que l'on fera du trafic de la ligne établie que l'on compare à celle projetée, il ne faudra prendre que les voyageurs *expédiés* à chaque station et la *demi-somme* des arrivages et expéditions.

En appliquant aux résultats de la formule précédente le prix du transport par kilomètre de chaque voyageur et tonne de marchandises, l'on aura le rendement kilométrique probable ou la recette brute. Prenons les chiffres que nous avons déjà admis pour ces valeurs, la formule précédente deviendra :

$$T' = \frac{2}{3}\, 2\,(b \times 0{,}065 + c \times 0{,}010)\, \Sigma\, h, \quad \text{ou}\quad T' = \frac{2}{3}\, 2\,(6{,}50 \times 0{,}065 + 2{,}10 \times 0{,}10)\, \Sigma\, h,$$

en remplaçant b et c par les moyennes données.

L'on peut résumer les résultats de l'étude précédente, dans un tableau de la forme suivante, si l'on veut se rendre compte par station du trafic à espérer et calculer rigoureusement celui de la ligne.

Désignation des Stations.	Population dans un rayon de 4 kilom.	Nombre probable de voyageurs par habitant.	Nombre de voyageurs expédiés et reçus.	Nombre probable de tonnes par habitant.	Nombre total de tonnes à l'aller et retour.	Distance à parcourir sur le tracé.	Voyageurs kilométriques.	Tonnes kilométriques.
A	h	b	2 b h	c	2 c h	d	$\dfrac{2\,b\,h\,d}{l}$	$\dfrac{2\,c\,h\,d}{l}$
A'	h'	b	2 b h'	c	2 c h'	d'	$\dfrac{2\,b\,h'\,d'}{l}$	$\dfrac{2\,c\,h'\,d'}{l}$
. . . .	. . .	. . .	. . . .	. . .	. . .	. . .	. . .	. . . .
Totaux. . . .	H		2 b H		2 c H		Σ	Σ'

128. Subventions. — Les résultats du calcul du trafic probable, pour une ligne, conduisent sans difficulté à trouver quel devra être le montant des subventions à accorder à la Compagnie concessionnaire.

Cette somme serait nulle si le rendement prévu pouvait couvrir les frais de premier établissement et d'entretien; mais il n'en sera presque jamais ainsi : la recette brute approchera plus ou moins du chiffre nécessaire pour assurer l'entretien et le paiement d'une partie du capital demandé pour le premier établissement ; l'autre partie de ce capital, dont on ne peut prévoir servir les intérêts, représentera le montant de la subvention à accorder.

Le trafic calculé donne par exemple 12.000 fr. par kilomètre; on sait d'autre part, par l'étude comparative de la ligne projetée, avec d'autres voies en exploitation et établies dans les mêmes conditions générales, que l'entretien kilométrique sera de 7.000 fr. par kilomètre ; de plus, l'évaluation des dépenses du projet en font ressortir le coût kilométrique à 130 fr. 000. Quelle sera la subvention à accorder pour qu'une compagnie concessionnaire puisse assurer à ses actionnaires l'intérêt (calculé à 6 0/0) du capital qu'ils engagent?

La différence entre la recette brute 12.000 fr., et l'entretien annuel 7.000 fr., soit 5.000 fr., immobilise un capital de, en nombre rond, 83,000 fr. ; la subvention sera donc de 180.000 — 83.000 = 47.000 fr. par kilomètre. Le calcul de la subvention, selon l'importance des données que nous avons prises pour base, eût pu nous faire arriver à un chiffre bien supérieur à celui que nous avons trouvé.

Bien des lignes ne donnent pas un rendement aussi élevé que celui que nous avons supposé, et cependant l'entretien reste à peu près constant, pour les lignes secondaires, entre 6.000 et 7.000 fr. L'on comprend alors que la question économique ne pourra se résoudre que par des sacrifices dans le chiffre des intérêts, de la part des actionnaires, ou par l'élévation des subventions.

Quel est le montant de la somme que l'Etat, département ou communes ne doivent pas dépasser, pour concilier le bon emploi des fonds publics avec les intérêts et les commodités d'un certain nombre d'habitants?

En un mot : *Les avantages apportés aux transports des voyageurs et des marchandises, les bénéfices réalisés sur ces transports, c'est-à-dire la différence de prix entre les transports sur route et ceux sur chemin de fer, les avantages donnés au commerce, les commodités de toute nature apportées par la voie ferrée, sont-ils suffisants pour justifier la subvention?*

Ce nouvel examen est le complément du chapitre I (première partie) de l'ouvrage, et les administrateurs chargés de l'emploi des deniers publics doivent encore envisager la question sous ce nouveau point de vue.

En général, les départements adoptent chacun un chiffre uniforme pour le montant des secours à accorder pour facilitter l'établissement d'une ligne réclamée. Ces chiffres sonsouvent trop faibles, aussi les essais d'adjudication restent-ils longtemps infructueux.

Il y a à ces insuccès des motifs d'un autre autre ordre, consistant au peu d'empressement que les compagnies concessionnaires savent devoir rencontrer, pour le placement des actions, dans les zones mêmes les plus empressées à la demande de la ligne.

Les chemins d'intérêt local ne pourront s'établir dans de bonnes conditions, que lorsque les habitants des pays à traverser comprendront qu'il est de leur intérêt de souscrire le plus possible du capital nécessaire, et de réduire les frais de premier établissement en abandonnant, pendant la construction, l'intérêt de leur capital, et surtout en ne demandant pas à une entreprise, qui somme toute leur est d'un avantage presque exclusif, un rendement égal aux autres entreprises financières.

Pour résumer, nous pensons que les frais d'établissement et d'entretien des voies ferrées, quelles qu'elles soient, sont encore trop élevés pour que des réseaux secondaires puissent vivre, s'ils ne sont pas soutenus par ceux qui en profitent dans la plus large part, c'est-à-dire par les habitants des pays traversés.

REMARQUES GÉNÉRALES

sur la conduite des opérations, le temps qu'elles demandent (y compris la rédaction du projet) et leur prix de revient.

Dans toute opération de longue haleine, la division du travail est un point essentiel pour arriver promptement à une bonne solution.

Dans l'étude dont nous parlons, quatre opérateurs nous paraissent nécessaires : le premier est chargé des reconnaissances et du tracé des alignements, le deuxième s'occupe des courbes et du piquetage, les troisième et quatrième font les nivellements et croquis de détails. Ces derniers doivent avoir deux carnets chacuns, afin d'en envoyer un au dessinateur du profil en long, généralement, le 2ᵉ opérateur place en même temps la ligne sur le plan.

Le dessin du profil en long permet, entre autres avantages, d'apprécier, lorsque l'on est encore sur les lieux, les rectifications qu'il pourrait y avoir à faire au tracé.

Il résulte de cette division de travail que les ouvriers doivent rester chargés des mêmes travaux, autant que possible.

Les études de chemin de fer d'intérêt local se font ordinairement sous la direction d'ingénieurs des Ponts et Chaussées, avec le concours de conducteurs ou d'agents-voyers, et on pourrait objecter que l'emploi de ce nombreux personnel peut nuire au service courant.

Il n'en sera rien si l'on choisit les mois de février, etc., mois pendant lesquels on peut assigner aux cantonniers des tâches faciles à vérifier par une tournée mensuelle.

Avec les dispositions qui précèdent, on peut admettre une étude complète de 25 kilomètres par mois avec terrain ordinaire, et 15 à 18 en terrain tourmenté.

La rédaction du projet, en supposant que l'on ne fasse pas les dessins des ouvrages d'art, demande à peu près autant de temps que l'étude sur le terrain. Ainsi une étude complète de 50 kilomètres peut être évaluée à 4 mois.

Le prix de revient des études pour tracé de chemins de fer se décompose en deux parties distinctes :

L'une comprend les dépenses matérielles d'ouvriers et supplément de traitement, pour rémunérer les agents des frais et fatigues que cela leur occasionne.

L'autre règle les émoluments ou honoraires accordés pour la rédaction du projet.

Les frais matériels ressortent généralement de 90 à 120 fr. par kilomètre, suivant les terrains.

Le chiffre de la rédaction est variable suivant les départements et peut être fixé en moyenne de 80 à 100 fr. du kilomètre.

CONCLUSION.

Nous venons de décrire les principales phases par lesquelles doit passer un projet de tracé de chemin de fer. Nous avons toujours cherché à dégager chaque genre d'opération, des différents procédés'que l'on peut lui appliquer, pour ne parler que de ceux qui nous semblent les meilleurs et les plus expéditifs.

Tout dépend, il est vrai, de l'habitude des opérateurs, et tel préfèrera un autre mode de conduite d'opération à celui que nous avons indiqué.

Mais les autres méthodes employées : plans cotés, nivellements sur les alignements sans tracés de courbes, avec profils en travers, etc....., quoique paraissant de prime abord plus rapides, conduisent souvent à des résultats moins exacts, moins précis, et ne s'exécutent pas en somme plus vite qu'un tracé d'axe complet lorsque le travail est bien distribué.

Quoique l'on puisse écrire, la pratique sera toujours le meilleur enseignement, aussi n'avons-nous pas eu en vue de renfermer dans une stricte limite la conduite de chaque opération ; nous avons seulement cherché à retracer, avec ses points principaux, la marche que doit suivre l'ensemble d'une étude.

FIN.

TABLE DES MATIÈRES.

PREMIÈRE PARTIE.

OPÉRATIONS SUR LE TERRAIN.

CHAPITRE IV.

Nivellements de Reconnaissance.

CHAPITRE V.

Tracé des Alignements.

CHAPITRE VI.

Tracé des Courbes.

CHAPITRE VII.

Piquetage.

CHAPITRE VIII.

Nivellements.

CHAPITRE IX.

—

DEUXIÈME PARTIE.

—

RÉDACTION DU PROJET.

CHAPITRE I.

—

Plan et Profil en long.

CHAPITRE II

Devis descriptif.

CHAPITRE III.

Nature et Importance des Ouvrages d'art.

CHAPITRE IV.

Métrés et Détail estimatif.

CHAPITRE V.

Mémoire descriptif, Note sur le trafic probable.

ERRATA

Page 43 (tableaux) *ordonnées*, lisez *abcisses* ; *abcisses*, lisez *ordonnées*.

   d°   d°   9,99, lisez 29,99.

Page 66, 4ᵉ ligne en remontant : 12769,000, lisez 12760,000.

Page 80, 11ᵉ ligne, *lecteurs*, lisez *lectures*.

Page 55, fin de la page, mots illisibles, lisez *longue haleine, et*.

Page 143, 11ᵉ ligne, *conscérable*, lisez *considérable*.

Page 116, au lieu de *Y* et *Y*, lisez *Y* et *Y'*.

St-Lo, imp. Letreguilly.

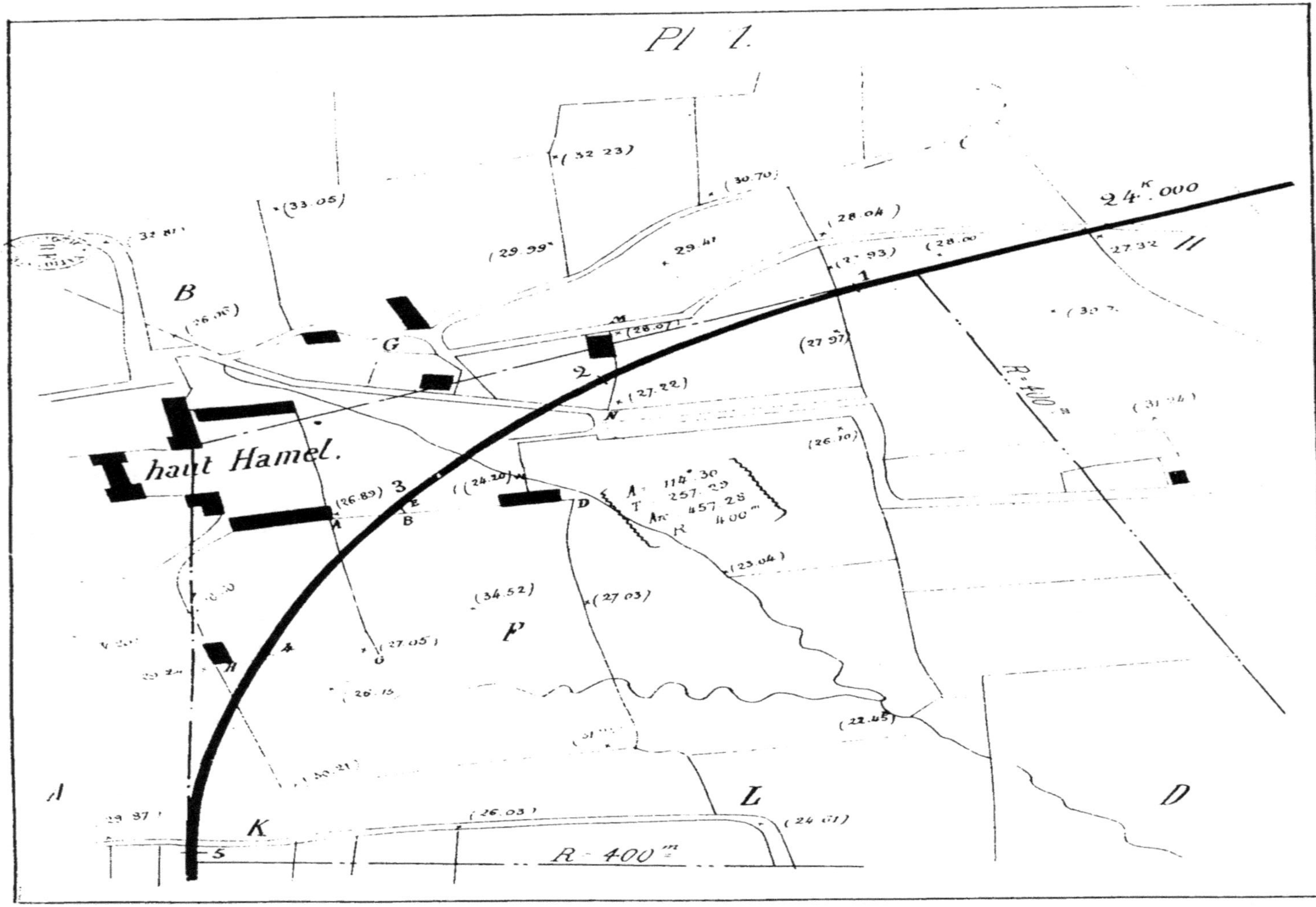

Pl. 1.

haut Hamel.

24ᴷ.000

R = 400ᵐ

R = 400ᵐ

A = 114° 30
257 29
T = 457 25
R = 400ᵐ

(32 23)   (30.70)
(33.05)   (28.04)   (28.00)
(29.99)   (29.41)   (2.93)   27.32
(26.08)   (28.07)   (30.7)
(27.57)   (31.04)
(27.22)
(27.05)   (26.10)
(26.89)   (24.20)   (23.04)
(34.52)   (27.03)
(27.05)   (26.15)
(22.45)
(30.21)
(29.87)   (26.03)   (24.61)

B   G   N   M   1   2   3   4   5
A   B   D   E   A   K   L   D   P

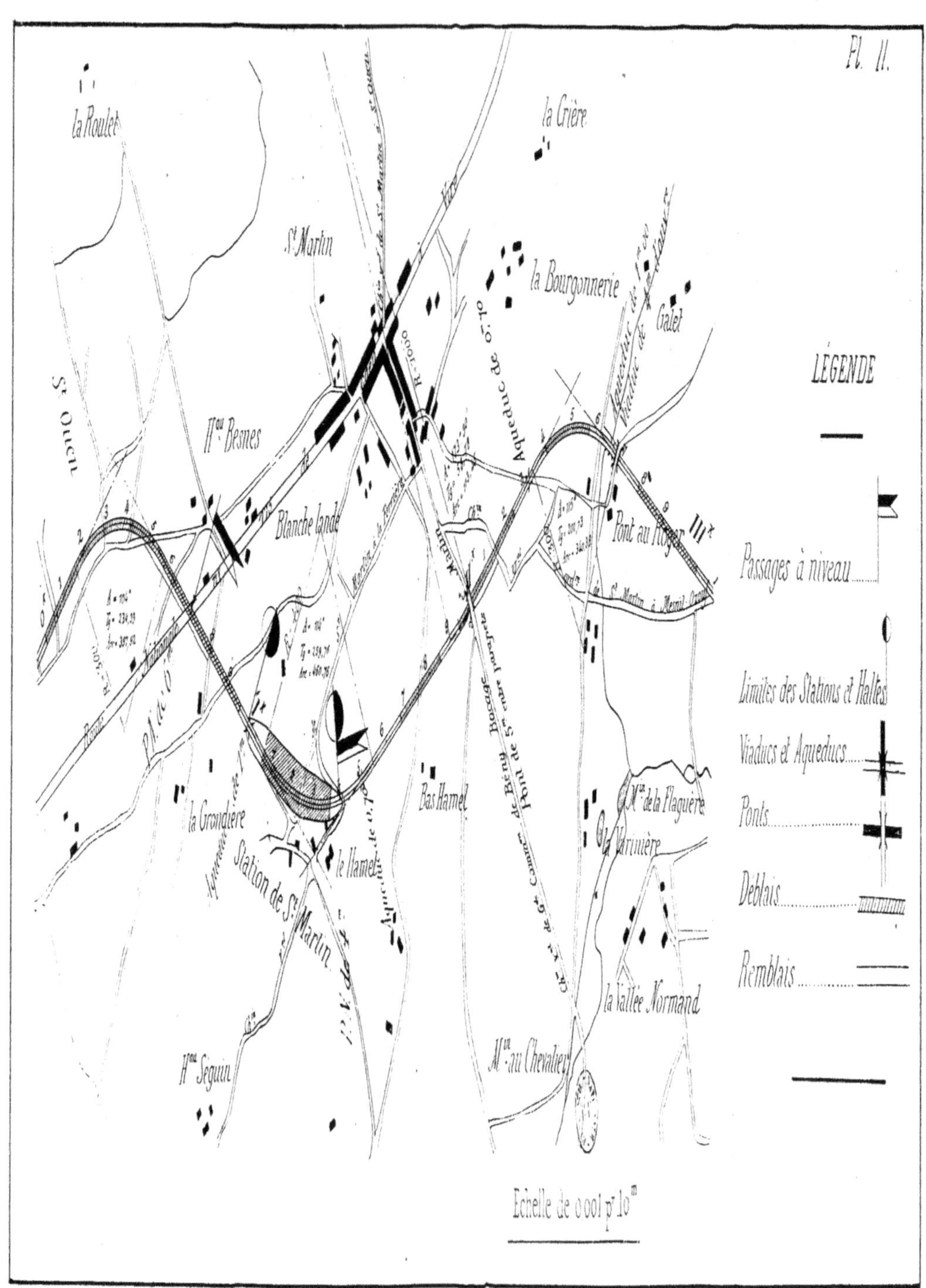

Pl. II.
LÉGENDE
la Roulet
la Crière
St Martin
la Bourgonnerie
Galet
St Ouen
Hau Besnes
Aqueduc de 0,70
Blanche lande
Pont au Roger
la Grondière
Bas Hamel
Mon de la Flaguère
la Varinière
Station de St Martin
le Hamel
la Vallée Normand
Han Seguin
Mon au Chevalier
Passages à niveau
Limites des Stations et Haltes
Viaducs et Aqueducs
Ponts
Déblais
Remblais
Echelle de 0.001 p. 10m

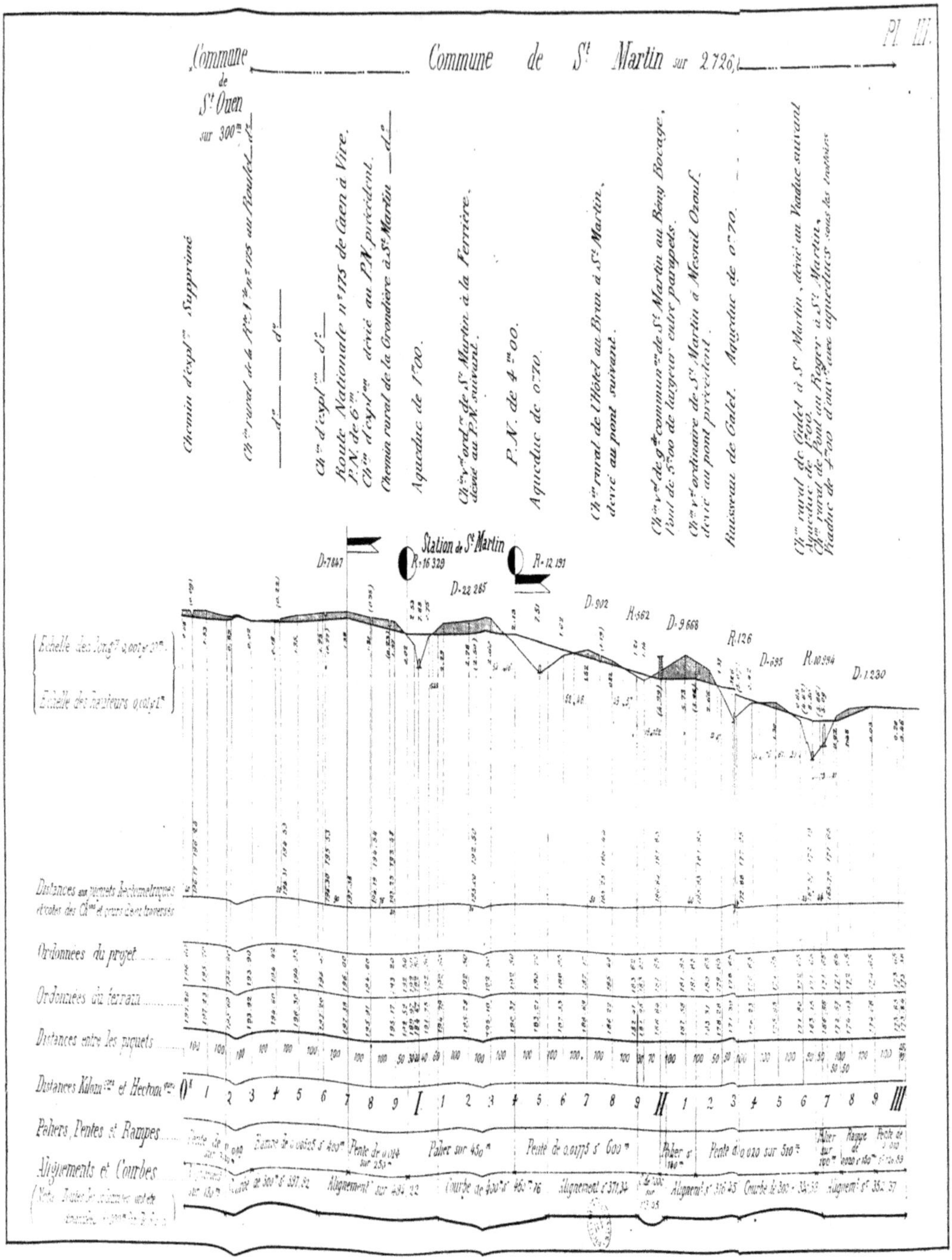

Commune de St Ouen sur 300m — Commune de St Martin sur 2.726t

Echelle des long.rs 0,001 p.1m

Echelle des hauteurs 0,001 p.1m

Distances aux repères hectométriques et cotes des Ch.ins et cours d'eau traversés																													
Ordonnées du projet																													
Ordonnées du terrain																													

Distances entre les piquets: 100 100 100 100 100 100 100 100 100 50 30 40 60 100 100 100 100 100 100. 100 100 30 70 100 100 50 30 100 100 100 50 50 100 100 100 30/95

Distances Kilom.res et Hectom.res: 0k 1 2 3 4 5 6 7 8 9 I 1 2 3 4 5 6 7 8 9 II 1 2 3 4 5 6 7 8 9 III

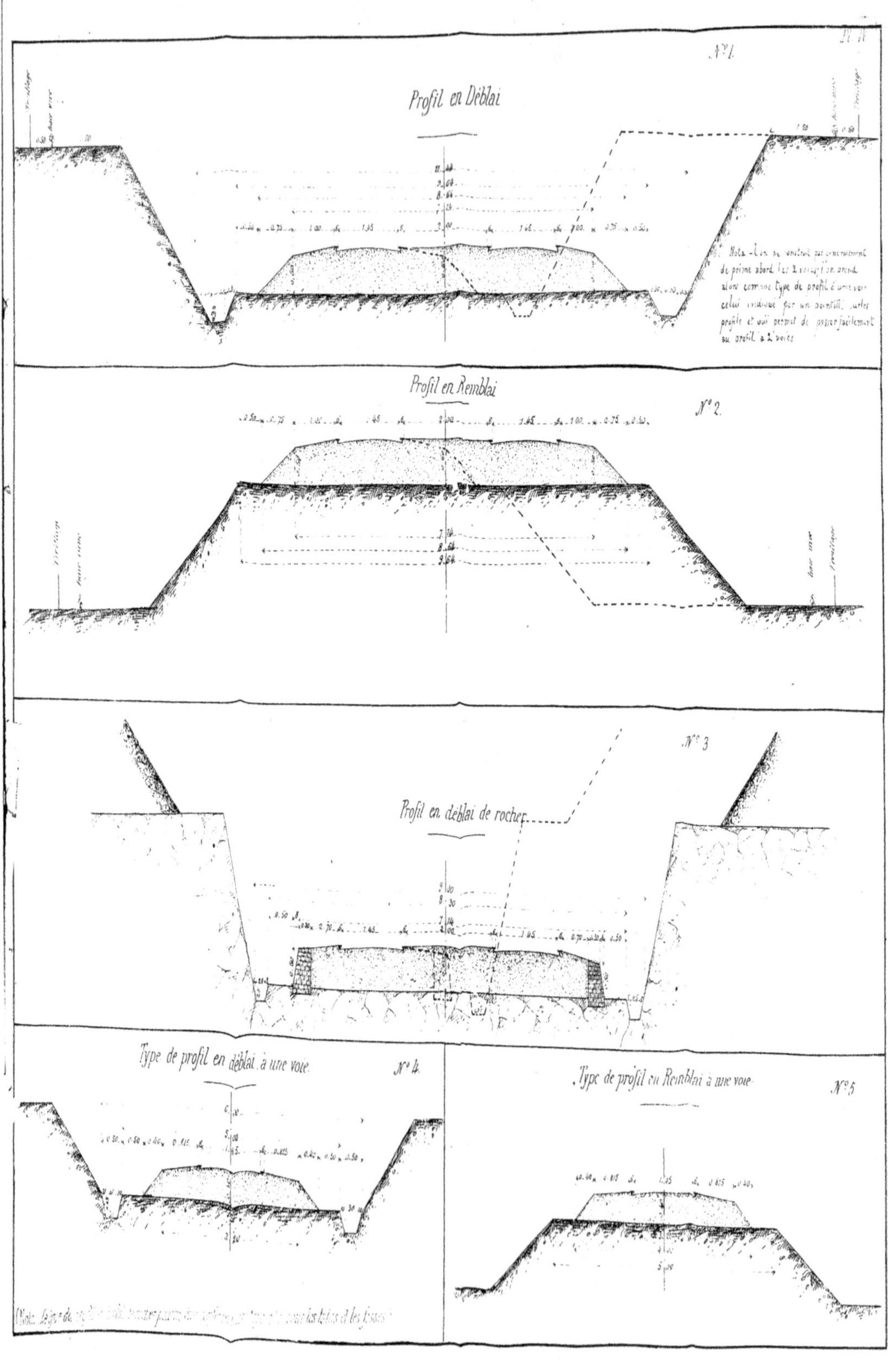
Pl. II
N° 1
Profil en Déblai
N° 2
Profil en Remblai
N° 3
Profil en déblai de rocher
Type de profil en déblai à une voie.
N° 4
Type de profil en Remblai à une voie.
N° 5